A CRIAÇÃO

Mariana E. Schietti

A criação

O que é bom (בוט), justo e harmônico em Gênesis

ALTA BOOKS
GRUPO EDITORIAL

A Criação

Contra o Vento é uma empresa do Grupo Editorial Alta Books (STARLIN ALTA EDITORA E CONSULTORIA LTDA).

ISBN: 978-65-83604-21-7

Impresso no Brasil — 1ª Edição, 2025 — Edição revisada conforme o Acordo Ortográfico da Língua Portuguesa de 2009.

Dados Internacionais de Catalogação na Publicação (CIP)

A447E
E. Schietti, Mariana.
A criação / Mariana E. Schietti
São Paulo: Editora Contra o Vento, 2025.
254 p.; 14x21 cm

ISBN 978-65-83604-21-7

1. Hebraico 2. Bíblia

CDD 200

Produção Editorial: Grupo Editorial Alta Books
Diretor Editorial: Anderson Vieira
Editor da Obra: Eduardo de Proença
Vendas Governamentais: Cristiane Mutüs

Copidesque: Joana da Silva
Revisão: Helena Almeida Oliveira
Diagramação: Luana Vulcano
Capa: Victoria Cristina Eduardo

ALTA BOOKS
GRUPO EDITORIAL

Rua Viúva Cláudio, 291 — Bairro Industrial do Jacaré
CEP: 20.970-031 — Rio de Janeiro (RJ)
Tels.: (21) 3278-8069 / 3278-8419
www.altabooks.com.br — altabooks@altabooks.com.br
Ouvidoria: ouvidoria@altabooks.com.br

Editora
afiliada à:

ASSOCIADO

Se alguém está em Cristo é nova criatura.'
As coisas antigas passaram; eis que uma realidade nova apareceu.

2 Coríntios 5,7

AGRADECIMENTOS

Primeiramente, a Deus, o autor da vida e meu sustentador em todos os momentos difíceis. Foi graças a Ele que consegui dar forma ao caos que me assolava em muitos momentos desse período.

Ao meu orientador, que sempre esteve presente, disponível ao diálogo, e que acreditou em mim desde o início do meu mestrado.

Ao meu marido, Lucas Mancini. Sem a sua paciência, sua alegria e seu amor, eu certamente não teria persistido. Obrigada.

Aos que comigo dividem a vida (meus amigos íntimos, meus pastores, e aqueles com quem divido a sala de trabalho) e sempre me estimularam a prosseguir. Vocês foram fundamentais em minha formação pessoal e profissional. Minha eterna gratidão. Cada um de vocês estará eternamente em meu coração e em minha memória.

À CAPES e à PUCPR, pela bolsa de estudos.

À ScholarLeaders International, pelo apoio e assistência, não apenas financeira, mas emocional e espiritual. Em especial à Evelyn Reynolds, por sua paciência, seu acolhimento e suas orações.

Por fim, ao meu eterno mestre, a quem eu tenho como um pai, e a quem sei que não preciso agradecer, pois sei que faz de coração. Mas eu insisto: obrigada. Sem você eu não teria finalizado.

São naturalmente insensatos todos os homens que ignoram a Deus e que, através dos bens visíveis, não chegam a reconhecer Aquele que existe. Consideram as obras, mas não reconhecem o seu Artífice. E acabam considerando, como deuses e governadores do mundo, o fogo, ou o vento, ou a brisa fugaz, ou o firmamento estrelado, ou a água impetuosa, ou ainda os luzeiros do céu. Se ficam fascinados com a beleza dessas coisas, a ponto de tomá-las como deuses, reconheçam o quanto está acima delas o Senhor, pois foi o autor da beleza quem as criou. Se ficam maravilhados com o poder e atividade dessas coisas, pensem então quanto mais poderoso é Aquele que as formou. Sim, porque a grandeza e a beleza das criaturas fazem, por comparação, contemplar o Autor delas. Esses, porém, merecem repreensão menor, porque talvez se tenham extraviado procurando a Deus e querendo encontrá-lo. Vivendo no meio das obras dele, procuram pesquisá-las, e a aparência delas os fascina, tanta é a beleza do que se vê. Contudo, mesmo esses não têm desculpa, porque, se foram capazes de conhecer tanto, a ponto de pesquisar o universo, como não encontraram mais depressa o Senhor do universo?

Sabedoria 13,1-9

Prefácio

Quantas vezes uma palavra, expressão ou ideia prende a nossa atenção quando lemos as Escrituras? Quantas vezes temos a oportunidade ou a curiosidade de mergulharmos em uma investigação mais profunda dela? Quem dera pudéssemos nos aventurar com mais frequência nesse tipo de jornada que explora a riqueza de detalhes presente no texto bíblico. Essa é a motivação inicial por trás do conteúdo deste livro.

Aqui, a expressão que gerou curiosidade e colocou em movimento um processo de pesquisa é "bom", em hebraico, *tov*. Mais especificamente, o texto de Gênesis, logo no início da Bíblia, apresenta um relato para a criação de todas as coisas em que o autor usa essa pequenina palavra várias vezes. Ao perceber a repetição do adjetivo "bom" ao longo do primeiro capítulo de Gênesis, Mariana se propôs a tentar desvendar aquilo que nenhuma teóloga ou teólogo fez com profundidade até aqui. É exatamente esse ineditismo que nos convida a refletir com ela sobre alguns conceitos que surgem à medida que a expressão "e viu Deus que era bom" é repetida.

O que descobrimos como resultado dessa pesquisa exegética é que há muito mais do que imaginamos por trás do uso desse pequeno adjetivo que, talvez, inadvertidamente tenhamos desprezado em nossa leitura do texto bíblico. Se por um lado, o ferramental linguístico nos permite ampliar a compreensão do significado da expressão *bom* nas Escrituras, as informações históricas nos ajudam a enxergar aspectos profundos que permeiam a mensagem que o texto pretende comunicar.

A investigação da teologia da criação em si já deveria ser suficiente para atrair o nosso interesse pelo conteúdo que está no livro de Gênesis. É nele que encontramos o preâmbulo para toda a revelação divina que a Bíblia nos apresenta. É a teologia da criação que cria o pano de fundo para lidarmos com o drama da existência humana, algo extensamente desenvolvido nos vários outros livros das Escrituras. Aí está a grande primeira pista para uma aproximação teológica do texto: lidar com o paradoxo da criação e do drama humano. Questões iniciais imediatamente podem rondar a nossa mente se levarmos em conta o pesado texto da Queda e a inserção do tema do pecado subsequente ao texto da criação. Mais ainda, se nos atentamos para a desproporção entre os relatos de criação e o volume de textos que tratam das consequências do pecado sobre a vida humana. Como alguns teólogos, principalmente da escola alemã, já nos provocaram, as Escrituras discorrem sobre a história da salvação (*Heilsgeschichte*). Portanto, nos perguntamos como toda essa história da salvação humana dialoga com a teologia da criação, ainda mais quando encontramos a máxima transmitida pela adjetivação da criação como boa. Assim, muitas outras questões surgem dessa inicial observação. Algumas delas são, o que de bom permanece bom após a Queda? Como o bom pode ser entendido? Como o bom pode ser experimentado?

Se por um lado olhamos para questões bíblico-teológicas, por outro olhamos para a realidade contemporânea. De certo modo, tentamos responder às inquietações levantadas acima buscando sinais de bondade em nossa sociedade local e global. O drama humano vivido sob a égide do pecado, em outras palavras, sob a insistência em errar o alvo de Deus para a humanidade, muitas vezes embaçam a nossa percepção daquilo que é bom. Talvez, precisemos ser diariamente lembrados de que o projeto divino para a humanidade é de bondade. Daí a relevância da pesquisa desse tema.

O que encontramos no discorrer deste livro é uma interessante definição da expressão bom na tríade justiça, dignidade e harmonia. Essa síntese procura expressar a profundidade da intenção da narrativa composta originalmente por aqueles que enfrentaram tempos difíceis. O objetivo dela foi trazer esperança para aqueles que sofriam com a injustiça, com a perda da dignidade e a experiência de uma vida sem harmonia nos diversos âmbitos. Guardadas as devidas proporções entre a experiência do passado, que gera o texto, e a vivência atual, a tarefa hermenêutica da mensagem bíblica se aplica facilmente a muitas de nossas circunstâncias.

A missão do povo de Deus permanece pulsante em comunicar o bom de Deus como alvo para a vida humana. A busca prioritária pela justiça e a promoção dos valores do Reino de Deus, como dignidade e harmonia, ainda são os principais referenciais para a igreja cristã —lembremos do ensino de Jesus Cristo no Sermão do Monte (Mt 6:33). É para a realidade contemporânea que precisamos reler o relato da criação e aprender mais sobre o que significa viver e manifestar a bondade divina na humanidade.

Dr. Marcos Orison Nunes de Almeida

Sumário

INTRODUÇÃO

O presente livro é fruto do projeto apresentado em 2019 ao Programa de Pós-Graduação em Teologia em nível de Doutorado, junto à Pontifícia Universidade Católica do Paraná. Nele, expressava-se a inquietude desta pesquisadora frente às lacunas encontradas nos comentários bíblicos e outros textos teológicos sobre a narrativa da criação. Percebendo que o mito da criação não se trata de uma teoria antagônica à ciência, tampouco de um texto jornalístico que noticia o surgimento do mundo em dados exatos, assim como também não é um texto contínuo que começa no primeiro e termina no terceiro capítulo (com o poder do ser humano de destruir a obra de Deus), perguntou-se: De que exatamente fala o mito hebreu da criação? Essa pergunta deu luz a uma outra pergunta: O que há de bom no "bom" da criação?

A inquietude e a curiosidade que trouxeram o primeiro texto de Gênesis ao centro, vieram acompanhadas de uma atenção especial ao "bom", *tov*, expressão recorrente no texto, e que fez dele o objeto central da pesquisa que se desenvolveu. Os objetivos específicos, portanto, foram: 1) compreender o ambiente de surgimento da narrativa da criação; 2) analisar o significado do *tov* dentro da narrativa; 3) pesquisar qual o sentido bíblico de *tov;* 4) refletir sobre o significado de *tov* como justiça, dignidade e harmonia na criação; 5) apontar o *tov* como um modelo de vida também para contemporaneidade.

A hipótese que se levantou é a de que o "bom" da criação é a representação do que é necessário e, ao mesmo tempo, suficiente para guiar a vivência plena do ser humano como um modelo sustentável de vida, aplicável a todos os povos do planeta. A tese que se propõe, ao mostrar-se válida a hipótese, é de que o *tov*, comumente lido numa perspectiva moralista e adjetiva, deva ser lido para além de uma teologia reducionista, como uma realidade concreta proposta por seus autores, uma alternativa à sociedade imperialista em que viviam. Ou seja, defende-se a indispensável compreensão do *tov* baseado nas práticas da justiça, da dignidade e da harmonia, que irão viabilizar a concretude dessa nova realidade, de um novo modo de ser e de olhar para o mundo.

Importante ressaltar, desde já, que o intuito da pesquisa não é de realizar uma exegese do texto de Gênesis 1,1–2,4a, como se verá ao longo do livro. Mas sim, a partir das bibliografias disponíveis sobre a perícope, com apoio de outras áreas do saber como a literatura, história e filosofia, encontrar os significados do *tov* e, a partir de uma metodologia qualitativa, propor uma releitura do texto para o nosso tempo, com respeito aos significados no tempo em que originou-se.

O livro foi dividido em quatro capítulos. O primeiro deles apresenta o ambiente de construção da narrativa, explorando as pesquisas a respeito da autoria e datação do mito e das influências sofridas na construção do texto. O segundo capítulo, por sua vez, se dedica à compreensão de *tov* a partir dos dicionários e léxicos, assim como de possíveis comentários que pudessem existir sobre o termo no texto de Gênesis 1,1 – 2,4a, estendendo-se até os usos do termo em outros textos do Antigo Testamento. Já no terceiro capítulo, propõe-se uma síntese dos principais significados de *tov*: justiça, dignidade e harmonia. Por fim, no quarto capítulo, apresenta-se uma análise do caos da contemporaneidade e propõe-se um caminho alternativo para a vivência humana global em que *tov* sirva como paradigma.

Especificamente em seu andamento, a pesquisa buscou trilhar um caminho em que fosse possível compreender a repetição de *tov* em Gênesis 1,1–2,4a, que acontece sete vezes, de forma ampla e não individualmente, enquanto adjetivação de cada elemento desconexo do todo. O ambiente em que *tov* está envolvido é a de um texto mitológico que possui conteúdo denso, que carrega em si as marcas da realidade concreta de onde surgiu, e que propõe uma mensagem não apenas de sobrevivência, mas de vida. Portanto, suas palavras são certamente escolhidas com cuidado, a fim de passar a mensagem desejada. A repetição do termo, dese modo, não pode ser ignorada, e serve-nos como um tempero que realça o sabor da comida. Cada elemento criado na narrativa tem sua importância, mas, para além disso, através de *tov*, os elementos se reúnem e se harmonizam, dando vida ao texto.

Ao ampliar os horizontes na busca do significado de *tov*, percebe-se em suas conceituações a presença de significados como igualdade, suficiência, contemplação dos pequenos detalhes, práticas que viabilizam as mais diversas relações e uma total sintonia entre o que está sendo criado e o criador. No entanto, observou-se que a totalidade dos autores e suas respectivas obras, no que se refere especificamente ao texto de Gn 1,1–2,4a, não apresenta preocupação com a presença insistente de *tov*, limitando-se a pequenas frases sobre sua aparição apenas em seu sentido estético, de beleza e de aprovação da parte de Deus como oposição ao que desaprova. Para que a tese se firmasse e se mostrasse provável, as seções seguiram da seguinte forma:

No capítulo 1 foi apresentada uma pesquisa sobre os aspectos gerais do livro de Gênesis, trazendo as discussões sobre sua composição, seus aspectos literários, suas motivações e seu lugar na obra do pentateuco. Nele, também é feita uma justificativa para delimitação da perícope em Gênesis 1,1–2,4a, demonstrando que a narrativa da criação em Gênesis 2,4b em diante é diversa tanto em autoria quanto em contexto. Com o foco voltado para o texto em questão, ora delimitado, passou-se ao *Sitz im Leben*[1] da narrativa. Para isso, foram apresentadas as pesquisas recentes sobre datação e autoria em conjunto com uma exposição do seu ambiente de criação.

Levando em conta os resultados obtidos, o capítulo seguiu com uma pesquisa sobre o mito e sua função social, aplicado ao contexto em que viviam os autores da narrativa. Apontado como um contramito babilônico, propôs-se a análise do mito babilônico da criação, o *Enuma Elish*, percebendo suas influências na construção do mito hebraico. Para deixar clara a relação entre os textos e a mensagem que a narrativa da criação oferece ao seu povo, foram feitos apontamentos das aproximações contidas em ambos os relatos.

Nesse tópico, encontra-se um comparativo entre os aspectos de ambos os mitos criacionais, demonstrando que cada elemento criado em Gênesis 1 possui um significado na mitologia babilônica, na maioria das vezes com implicações negativas, de guerras, sangue, excesso de poder, castigo etc. São esses mesmos elementos presentes em Gênesis 1 que são, na obra criadora de Deus, considerados bons, muito bons!

1 *Sitz im Leben* é uma expressão alemã comumente utilizada na exegese de textos bíblicos. Geralmente é traduzida por "contexto vital".

No capítulo 2, a pesquisa concentra-se especificamente no significado do termo traduzido como "bom" nas Bíblias em português. A pergunta que conduz o capítulo é: o que significa *tov?*

O capítulo, portanto, propõe um estudo que vai desde a origem, com a raiz *tb* ou *twv*, até seu uso mais tardio nos demais textos do Antigo Testamento. Para isso, foram utilizados dicionários e léxicos, assim como o *software* BibleWorks. O capítulo segue com um levantamento dos textos do Antigo Testamento que utilizam o *tov*, analisando seus possíveis significados dentro destes textos como forma de perceber o que os redatores e ouvintes costumavam compreender com o uso da palavra. Nesse sentido, percebeu-se e desenvolveu-se os principais significados associados ao *tov* no Antigo Testamento. Cinco principais significados foram propostos: bem-estar, valor econômico, reputação, praticar o bem e estética.

Para aprofundar o elo entre o *tov,* como um sinônimo de justiça, dignidade e harmonia, enquanto síntese dos principais significados ora mencionados, o capítulo 3 apresenta os conceitos teológicos de justiça, dignidade e harmonia, fazendo a conexão com o significado de *tov*. Através disso, revela-se como as definições propostas pelas diferentes áreas e, também, o senso comum, estão distantes de uma conceituação que dê conta da profundidade e do impacto das terminologias no âmbito social e pessoal. É certo que, em cada contexto, os termos podem receber significados diferentes, mas esses significados dizem respeito à forma da linguagem, devendo manter um sentido primário e original, com essência e valor inalterável. Desse modo, requer-se na teologia uma conceituação que se comunique com a mensagem evangélica da Bíblia, especialmente na busca de um significado que forneça bases sólidas e seguras à hipótese apresentada.

Portanto, no referido capítulo, a partir de um viés bíblico-teológico, a justiça é proposta como síntese do que é bom na narrativa da criação, assim como para a concretização da justiça traz-se a necessidade da vivência e da promoção da dignidade humana em todas as esferas da estrutura social. É através da concretude desses elementos sociais da justiça e da dignidade que se encontra a harmonia. Nesse ponto da pesquisa, pretendeu-se demonstrar também qual a importância da harmonia na vivência concreta do plano criacional.

Por fim, o capítulo 4 propõe uma análise dos principais dilemas vividos pelas sociedades contemporâneas, tanto no ambiente social quanto particular. O capítulo apresentou os problemas expostos por teólogos, sociólogos e historiadores que retratam os efeitos do capitalismo e da globalização na vida humana. Para tornar clara a aplicabilidade da mensagem bíblica, à luz do *tov*, propôs-se uma aproximação do contexto do texto e do cenário global atual. O objetivo foi que, após isso, uma releitura de Gênesis 1,1–2,4a fosse proposta como paradigma para um modelo de vida em que a justiça, a dignidade e a harmonia estejam plenamente presentes.

Ao final do livro, apresenta-se a conclusão com apontamentos de possíveis desdobramentos que a leitura do texto a partir do *tov* pode gerar.

CAPÍTULO 1

APRESENTAÇÃO DE GÊNESIS 1,1–2,4A: AMBIENTE EM QUE O TOV É UTILIZADO

Este primeiro capítulo propõe uma exposição do *Sitz im Leben* de Gênesis 1,1–2,4a, no qual se encontra o termo hebraico טוֹב -*tov*, traduzido como "bom" nas versões brasileiras. Tendo como alvo uma teologia bíblica que faça sentido ao possível propósito autoral do texto, o objeto central de investigação e aplicação neste livro se fará dentro de seu possível contexto de produção, levando em conta as particularidades que se pode conhecer de seu ambiente.

Para além do uso da história, da arqueologia e dos comentários bíblicos, pretende-se, também, ao longo deste capítulo, uma abertura às contribuições literárias, com apontamentos obtidos por meio das análises narratológicas do texto. Assim, busca-se o sentido do texto por meio do estudo das combinações de estilos que nele se encontram, quais sejam, nas palavras de Brett (2005, p. 1), os estilos "mais antigos de erudição histórica com um pastiche de narratologia, crítica orientada para o leitor, antropologia, o chamado Novo Historicismo e estudos pós-coloniais". A ideia, com isso, é permitir um diálogo com o texto, assumindo-o como produto de uma gama de perguntas pré-existentes, tanto em seus autores quanto em seus leitores. São preocupações contextuais e estruturais carregadas de interpretações que esperam do texto algum ensinamento enriquecedor capaz de ser enraizado pelo leitor (RORTY, 1992).

1.1 Aspectos gerais do livro de gênesis

Inicialmente, cabem algumas considerações sobre esse primeiro livro bíblico. Gênesis é a tradução de uma expressão grega que tem por significado "o livro das gerações" ou "livro das origens". Entretanto, não se pretende com ele realizar um tratado científico sobre as origens humanas em si e suas espécies evolutivas, mas sim apresentar a narrativa elaborada pelo povo de Israel, num determinado contexto sócio-histórico, para descrever suas origens, buscando um lugar de dignidade entre outras narrativas de outros povos. Portanto, como adverte Arens (2011, p. 19), é preciso diferenciar uma leitura histórico-científica sobre a humanidade, da leitura que se faz do referido livro bíblico. Como narração teológica, ele contém o ponto de vista de fé do seu narrador, além de sua cultura, seus conceitos, sua cosmovisão, e todas as crenças ali envolvidas.

O primeiro livro que abre as Escrituras é, portanto, como propõe Von Rad (1982), um processo de configuração literária das narrações poéticas ou culturais que, até aquele momento, o da escrita, estavam na boca do povo, transmitindo-se oralmente e sem ligação cronológica ou histórica.

Mesters (*apud* ARENS, 2011, p. 27) afirma que, de uma maneira geral, "o objetivo da Bíblia não é tanto, em primeiro lugar, relatar sobre o que aconteceu, mas relatar o que estava acontecendo na vida dos leitores", tendo em vista o desejo de, a partir do texto, responder às demandas da realidade em que viviam. Entretanto, faz-se necessário, e é honesto com o texto, também buscar pelo contexto de surgimento da obra, contemplando não apenas a vida dos leitores primários, mas antes a de seus redatores que, ao que tudo indica, viveram o exílio babilônico. Desse modo, tanto o período exílico quanto o momento de recepção do mito criado no período pós-exílico com a dominação persa, são necessários à extração de uma teologia coerente com a sua origem e aplicável aos nossos tempos. O livro busca compreender as motivações daqueles que deram origem ao mito e, também, os interesses e motivações daqueles que deram sequência a ele, fazendo-o permanecer entre os escritos sagrados.

Com relação ao significado do texto para seus leitores, situados no período pós-exílio, Brett (2005) considera-o como um texto hebraico sobrevivente por ter em vista uma resposta direta às problemáticas da política persa do século V AEC, período em que o judaísmo se torna oficial. Encontrar no texto de Gênesis um guia ou uma liturgia de esperança, fez com que o texto continuasse sendo utilizado pelos israelitas, eternizando-se como parte dos escritos sagrados. Para ele, o texto de Gênesis é claramente uma contestação demonstrada através da "diversidade de suas influências culturais, em sua representação de relações étnicas e em suas inúmeras narrativas que questionam explícita e implicitamente as autoridades políticas da época" (BRETT, 2005, p. 4).

Concordando com a ideia de que Gênesis é um texto que nasce e se consolida em um contexto anti-imperial — ou seja, em contraposição ao Império Babilônico, onde se origina, e ao Império Persa, no qual sua leitura parece ser fortalecida durante o período do exílio e pós-exílio —, o rabino Jonathan Sacks (2014), em seu artigo sobre o primeiro livro da Torá, afirma tratar-se de um compêndio contra as ideias de domínio, poder e exploração, que subjugam um povo ou grupo em benefício de outro. Em suas palavras, temos que:

> O que exatamente está sendo dito no primeiro capítulo da Torá? A primeira coisa a notar é que não é um enunciado independente, um relato sem contexto. Na verdade, é uma polêmica, um protesto, contra uma certa maneira de entender o universo. Em todos os mitos antigos, o mundo foi explicado em termos de

> batalhas dos deuses em sua luta pelo domínio. A Torá descarta essa maneira de pensar total e completamente. Deus fala e o universo surge. Isso, de acordo com o grande sociólogo do século XIX, Max Weber, foi o fim do mito e o nascimento do racionalismo ocidental. Mais significativamente, criou uma nova maneira de pensar sobre o universo. Central tanto para o mundo antigo do mito quanto para o mundo moderno da ciência é a ideia de poder, força, energia. Isso é o que está significativamente ausente de Gênesis 1. Deus diz: "Que haja", e há. Não há nada aqui sobre poder, resistência, conquista ou o jogo de forças. Em vez disso, a palavra-chave da narrativa, aparecendo sete vezes, é totalmente inesperada. É a palavra tov, bom. (SACKS, 2014, p. 2).

Nas afirmações de Brett (2005, p. 5), claramente os editores finais de Gênesis, situados no contexto de domínio persa, se propõem a minar o etnocentrismo teologicamente legitimado na reforma política pós-exílica, a exemplo do que se encontra explicitado nos livros de Esdras e Neemias. Portanto, a leitura de Gênesis, a partir da resistência às políticas etnocêntricas separatistas, justifica a sobrevivência ou o resgate de mitologias tão antigas que trazem a origem de Israel paralela à origem de todos os seres humanos, incluindo todos os grupos e gêneros, de forma igualitária, ao propósito divino.

Além disso, é preciso considerar a extensão de Gênesis para além das questões humanas em si. Gênesis ultrapassa a barreira, incluindo elementos necessários à sobrevivência humana. Por isso, não é apenas uma defesa teológica em prol de todo o ser humano enquanto corpo físico, mas é, também, uma defesa de toda a terra e da maneira em que se deve viver nela, considerando as questões econômicas, de domínio e exploração da terra e dos animais, através das quais a vida se torna possível ou não.

A leitura de Gênesis, a partir dessas declarações, torna-se uma leitura teológica de contramito e contracultura, que declara sua posição humanitária, social e econômica. Por isso, pode ser descrita em uma leitura de anti-domínio, anti-exploração e decolonial.[1]

Não há dúvidas que ao longo das edições do texto de Gênesis, que contém diversos autores e editores, como se verá adiante, parte deles tinham contato ou foram manipulados por aqueles que representam a cultura e a política segregacionista/xenófoba desenvolvida no pós-exílio, que ficou conhecido como reforma de Esdras e Neemias. Contudo, acredita-se "que os editores finais organizaram seus materiais de modo a excluir essa possibilidade. Como, no entanto, os editores estavam questionando a ideologia oficial dos governadores imperiais, a oposição teve que ser formulada com extrema sutileza" (Brett, 2005, p.8).

Com relação à leitura atual do texto, para viabilizá-la como um texto antigo carregado de teologia, de forma que ele também se aplique às demandas atuais, é preciso aplicar a distinção entre o que o texto significava em todos os períodos já elencados, como se vem demonstrando nos parágrafos anteriores, e o que o texto pode significar agora; distinção defendida por Krister Stendahl aproximadamente em 1962, ao publicar seus estudos sobre teologia bíblica contemporânea, nos quais diferencia, respectivamente, a "tarefa descritiva" e a "questão de hermenêutica" (*apud* MOBERLY, 2009, p. 12). A pesquisa aqui exposta contemplará ambas as etapas. Porém, neste primeiro capítulo o foco recai sobre a tarefa descritiva.

1 Sobre o texto como uma defesa da política imperialista de seu tempo, ler SCOTT, J. Domination and the Arts of Resistance: Hidden Transcripts, New Haven: Yale University Press, 1990.

Galvagno e Giuntoli (2020, p. 18) aduzem que o livro de Gênesis, em relação aos demais textos do Pentateuco, é "visivelmente o livro mais volumoso" e, consequentemente, mais rico em detalhes e com mais espaço para a busca da teologia que formou a fé do povo de Israel e, por isso mesmo, podemos acrescentar, é um dos que mais necessita de atenção. Apesar de, em uma leitura superficial, Gênesis parecer tratar de um texto linear, cronológico e muito bem encaixado, ele é o oposto de tudo isso. Trata-se de uma junção de diversas narrações que trazem olhares diferentes sobre as origens, a partir de diferentes contextos e experiências.

Segundo afirma Ska (2012, p. 3), ao introduzir uma leitura crítica do texto, Gênesis se apresenta como "uma coleção de contos populares". Por isso, esse livro não cabe no gênero literário da historiografia. Além disso, baseado nos estudos de Gunkel, Ska (2012, p. 3) afirma ser muito claro que o livro de Gênesis não é unificado, mas sim uma coleção de textos que não se assemelham às obras literárias modernas. Seus contos originais não tinham a pretensão de traçar uma história coerente, a linearidade do texto faz parte de um processo delicado de junções e acréscimos que envolvem contextos e motivações plurais.

Nesse sentido, vale a defesa de Arens (2011, p.19), de que a Bíblia não tem a ciência natural como seu assunto. Seus escritos não pretendem desvendar a história pelo viés científico ou jornalístico, mas social. Ao relatar os diversos contos sobre a experiência de seres humanos diversos, Gênesis, como é o foco aqui, não pretende oferecer a história do primeiro ser humano no cosmos, mas a história da relação do ser humano com Deus, com o outro e consigo, sob o ponto de vista da fé. Os contos que o compõe estão diretamente envolvidos com crenças e convicções, ou seja, trata-se de construir uma história teológica por meio das muitas histórias que circularam entre seus antepassados e possivelmente os auxiliaram na sobrevivência.

Considerando o texto como um texto teológico, Moberly (2009, p. 5) traz uma importante consideração, pois não se trata do termo "teológico" no sentido atual que a palavra ganhou, com conceitos pré-formados, carregados de doutrinas e dogmas próprios da história da Igreja Cristã Imperial e das demais tradições que se formaram ao longo dos anos. Ao invés disso, trata-se de olhar a partir da etimologia da palavra, em que o texto busca expressar o saber que o autor tinha de sua relação com Deus, com o mundo e com a humanidade. É possível, e assim será proposto, que o texto tenha uma carga dogmática, mas isso diz respeito ao dogma nele proposto, e não ao dogma que se formou nas tradições cristãs.

Na busca desse possível sentido dogmático que possa haver no texto de Gênesis 1,1 – 2,4a, faz-se importante situá-lo dentro do livro como um todo. Gênesis pode ser subdividido em duas partes, a saber: a primeira, que convém chamar de "proto-história", contida nos capítulos 1 a 11, apresenta a visão dos israelitas a partir da fé, sobre os primórdios da humanidade e do mundo do qual fazem parte; a segunda, que se denomina "história dos patriarcas", do capítulo 12 ao 50, relata o princípio das tribos que irão compor o povo de Israel (WESTERMAN, 2013, p.9). O objeto dessa pesquisa, portanto, está dentro do que convencionou-se chamar de "proto-história". Em relação a isso, Galvagno e Giuntoli (2020, p. 28) advertem, concordando com as propostas anteriormente feitas sobre a hermenêutica do texto:

> O que é narrado nos primeiros 11 capítulos de Gênesis não deve ser assumido como tentativa de reconstrução dos primeiros acontecimentos da história da humanidade. Antes, através de uma linguagem mitológica procura-se lançar luz sobre uma série de fenômenos fundamentais, por vezes problemáticos, do cosmos, da história da vida humana: por que o cosmos aparece

> figurado desse modo? Em que consiste a dignidade do homem? Qual a origem do mal? Quais são as consequências da violência na história?... não é por acaso que Gênesis 1 a 11 é uma das partes do cânon bíblico mais consideradas pela reflexão teológica, em particular por seus aspectos antropológicos.

Por isso, é necessário manter em mente o intuito de legitimação desses textos. A legitimação de um grupo que precisa encontrar suas raízes e seus fundamentos a partir da história de fé de seus antepassados, com o intuito de sobreviverem em meio ao caos em que se encontram. Com isso, podemos afirmar que reduzir o texto à discussão científica é preterir seu valor teológico e, principalmente, social.

De forma mais profunda, então, o texto envolve, por meio da linguagem mitológica, a construção de saber a respeito de diversos fenômenos fundamentais da vida e da criação toda. São narrativas etiológicas que buscam fornecer respostas para questões ontológicas, como: Por que sofremos? Por que somos atacados? Por que somos acometidos por determinadas doenças? Por que muitas vezes não conseguimos receber a recompensa justa pelo trabalho e pelo esforço? Por que mulheres, crianças, estrangeiros são inferiorizados nas diversas relações sociais? Por que existe o mal? Por que somos vítimas de violências? Como devemos nos relacionar com nós mesmos, com os outros, com Deus e com a Terra[2] [3]? Tudo isso aplicado à vida concreta, ao cotidiano.

2 Sobre a temática, veja SCARDELAI, D. **O escriba Esdras e o Judaísmo.** Um estudo sobre Esdras na tradição judaica. São Paulo: Paulus, 2012.

3 Terra aqui se refere ao mundo, o cosmos, a natureza e tudo que a envolve.

Arens (2011) considera Gênesis como uma "antropologia religiosa", e explica que isso significa dizer que a ideia que se tem de Deus se forma, por analogia e contraste, à ideia que o ser humano tem de si mesmo. Com isso em vista, separar no texto bíblico a antropologia da teologia seria impossível. Olhar para o texto em busca da revelação divina é, ao mesmo tempo, olhar para o texto que contém a revelação do humano e, consequentemente, do humano social.

Ainda utilizando os estudos de Arens (2011, p. 14-17), a antropologia e, por analogia, o entendimento dos israelitas sobre o cosmos e o divino são, em grande parte, representações da antropologia semítica do tempo do exílio na Babilônia, que é o período assumido como um importante momento da composição do Pentateuco e que será mais bem abordado nos próximos tópicos. Portanto, os primeiros capítulos de Gênesis, especialmente, tratam da natureza e da dignidade do ser humano, assim como da sua relação com a sociedade e com Deus.

Considerando que o pensamento judeu-cristão sobre a relação ser humano-cosmos-Deus está fundamentado nesses textos iniciais, que são uma grandiosa síntese do pensamento hebreu e abordam episódios particulares, como escravidão, perdas, exílio, reingresso etc., é necessária uma compreensão suficientemente clara da natureza desses relatos. Isso permite aproximar-se da mensagem que o autor pretendia transmitir, além de perceber uma melhor conceituação de termos importantes para a contemporaneidade.

1.2 Delimitação de gênesis 1,1–2,4a

Antes das considerações específicas sobre a autoria e o contexto, com intuito de manter os olhos fixos na perícope a ser explorada, a partir do qual o adjetivo *tov* será investigado, propõe-se a leitura delimitada do escrito na versão da Nova Bíblia Pastoral, que será a versão utilizada ao longo deste livro[4]:

Capítulo 1
1 No princípio, Deus criou o céu e a terra. 2 A terra
estava sem forma e vazia; as trevas cobriam o abismo
e um vento impetuoso soprava sobre as águas. 3 Deus
disse: "Que exista a luz!" E a luz começou a existir. 4
Deus viu que a luz era boa. E Deus separou a luz das
trevas: 5 à luz Deus chamou "dia", e às trevas chamou
"noite". Houve uma tarde e uma manhã: foi o primeiro
dia. 6 Deus disse: "Que exista um firmamento no meio
das águas para separar águas de águas!" 7 Deus fez o
firmamento para separar as águas que estão acima do
firmamento das águas que estão abaixo do firmamento.
E assim se fez. 8 E Deus chamou ao firmamento "céu".
Houve uma tarde e uma manhã: foi o segundo dia. 9
Deus disse: "Que as águas que estão debaixo do céu
se ajuntem num só lugar, e apareça o chão seco". E
assim se fez. 10 E Deus chamou ao chão seco "terra",
e ao conjunto das águas "mar". E Deus viu que era
bom. 11 Deus disse: "Que a terra produza relva, ervas
que produzam semente, e árvores que deem frutos
sobre a terra, frutos que contenham semente, cada
uma segundo a sua espécie". E assim se fez. 12 E a terra
produziu relva, ervas que produzem semente, cada uma
segundo a sua espécie, e árvores que dão fruto com a

4 A escolha da versão se deu pelo seu tempo relativamente recente de publicação (2014), pela afinidade e reverência à editora utilizada (Paulus) e aos tradutores envolvidos na pesquisa acadêmica, conhecidos da instituição de ensino onde esta pesquisa se desenvolveu (PUCPR). Caso o texto esteja dentro de uma citação direta, será respeitada a versão utilizada pelo autor citado.

semente, cada uma segundo a sua espécie. E Deus viu
que era bom. 13 Houve uma tarde e uma manhã: foi o
terceiro dia. 14 Deus disse: "Que existam luzeiros no
firmamento do céu, para separar o dia da noite e para
marcar festas, dias e anos; 15 e sirvam de luzeiros no
firmamento do céu para iluminar a terra". E assim se
fez. 16 E Deus fez os dois grandes luzeiros: o luzeiro
maior para regular o dia, o luzeiro menor para regular
a noite, e as estrelas. 17 Deus os colocou no firmamento
do céu para iluminar a terra, 18 para regular o dia e a
noite e para separar a luz das trevas. E Deus viu que era
bom. 19 Houve uma tarde e uma manhã: foi o quarto
dia. 20 Deus disse: "Que as águas fiquem cheias de seres
vivos e os pássaros voem sobre a terra, sob o firmamen-
to do céu". 21 E Deus criou as baleias e os seres vivos
que deslizam e vivem na água, conforme a espécie de
cada um, e as aves de asas conforme a espécie de cada
uma. E Deus viu que era bom. 22 E Deus os abençoou
e disse: "Sejam fecundos, multipliquem-se e encham
as águas do mar; e que as aves se multipliquem sobre a
terra". 23 Houve uma tarde e uma manhã: foi o quinto
dia 24 Deus disse: "Que a terra produza seres vivos
conforme a espécie de cada um: animais domésticos,
répteis e feras, cada um conforme a sua espécie". E
assim se fez. 25 E Deus fez as feras da terra, cada uma
conforme a sua espécie; os animais domésticos, cada
um conforme a sua espécie; e os répteis do solo, cada
um conforme a sua espécie. E Deus viu que era bom.
26 Então Deus disse: "Façamos o ser humano à nossa
imagem e semelhança. Que ele domine os peixes do
mar, as aves do céu, os animais domésticos, todas as
feras e todos os répteis que rastejam sobre a terra". 27
E Deus criou o ser humano à sua imagem; à imagem

> de Deus ele o criou; e os criou homem e mulher. 28 E
> Deus os abençoou e lhes disse: "Sejam fecundos, mul-
> tipliquem-se, encham e submetam a terra; dominem
> os peixes do mar, as aves do céu e todos os seres vivos
> que rastejam sobre a terra". 29 E Deus disse: "Vejam! Eu
> entrego a vocês todas as ervas que produzem semente
> e estão sobre toda a terra, e todas as árvores em que há
> frutos que dão semente: tudo isso será alimento para
> vocês. 30 E para todas as feras, para todas as aves do
> céu e para todos os seres que rastejam sobre a terra e
> nos quais há respiração de vida, eu dou a relva como
> alimento". E assim se fez. 31 E Deus viu tudo o que havia
> feito, e tudo era muito bom. Houve uma tarde e uma
> manhã: sexto dia.
> Capítulo 2
> 1 Assim foram concluídos o céu e a terra com todo o
> seu exército. 2 No sétimo dia, Deus terminou todo o
> seu trabalho; e no sétimo dia, ele descansou de todo
> o seu trabalho. 3 Deus então abençoou e santificou o
> sétimo dia, porque foi nesse dia que Deus descansou de
> todo o seu trabalho como criador. 4a Essa é a história
> da criação do céu e da terra.

Importante pontuar que neste livro se versa sobre o texto de Gênesis 1,1–2,4a, e não sobre todo o texto que compreende o capítulo 2. Isso ocorre porque o texto inicial do capítulo dois é continuação do capítulo primeiro, no qual a obra da criação é finalizada com o sétimo dia. O texto seguinte, compreendido entre 2,4b-25, trata de um texto independente como será explicado a seguir.

Conforme explica Sarna (2015, p. 25), biblista judeu dedicado aos estudos de Gênesis, o antigo Israel encontrou o mundo de diferentes maneiras, e suas respostas aos estímulos dos fenômenos cósmicos foram variadas. Essas respostas, segundo ele, "deram origem a várias cosmologias ou descrições da maneira pela qual o mundo e seus conteúdos surgiram". Para Sarna, duas delas compõem o texto inicial da Bíblia, sendo a primeira em Gênesis 1,1–2,4a que:

> (...) começa com a frase "quando Deus começou criar o céu e a terra" e termina com a fórmula "tal é a história do céu e da terra como eles foram criados". E a segunda em Gênesis 2,4b-25 que "começa com a fórmula 'Quando o Senhor Deus fez a terra e o céu', e continua contando como toda a superfície da terra foi regada. (SARNA, 2015, p. 25).

Nesses dois textos, é possível identificar com bastante clareza a diferença no mito da criação a partir da análise de alguns elementos. No primeiro capítulo, por exemplo, a divindade é chamada de *Elohim*, enquanto no segundo capítulo encontramos a presença da divindade *Yahweh,* ou Javé, Deus. No primeiro texto, Gênesis 1,1–2,4a, os elementos da criação são bem distinguidos e descritos de forma mais detalhada. Os autores se preocupam em mencionar constantemente o tempo, o ciclo, a função dos elementos e até mesmo uma adjetivação por parte do divino para cada um deles: "e Deus viu que era bom".

Já no segundo texto que se segue, não se observa tal preocupação: o ser humano é criado logo de início, antes dos demais elementos, os quais sequer chegam a ser mencionados. Enquanto em Gn 1,1-2,4a o homem e a mulher são criados juntos, num só ato criador, funcionando como a perfeição da criação (Gn 1,26-31), em Gn 2,4b-25 o ser humano masculino é a primeira obra criação (Gn 2,7), antes dos demais elementos, os quais nem mesmo são mencionados. A mulher é o último ser criado (Gn 2,21-24), de forma a completar a obra. Em Gênesis 1,1–2,4 e Gênesis 2,4b-25 percebe-se, respectivamente, um Deus que cria pela palavra, e um Deus que cria pelo molde das mãos.

Num sentido teológico, Gênesis 2,4b-25 pode ser compreendido "como uma genuína construção cosmogônica do camponês palestino, impregnada de conceitos e referências à sua realidade desértica" (ROSSI; MAURI, 2019, p. 233), enquanto Gênesis 1,1–2,4a, nas palavras de Von Rad (*apud* ROSSI; MAURI, 2019, p. 233) trata-se de:

> Uma rigorosa reflexão teológica e cosmológica em uma linguagem que nomeia as coisas breve e diretamente. Suas declarações não insinuam, como os javistas, um sentido oculto; ao contrário, apresentam contornos bem precisos e não querem dizer mais do que expressam.

Existem diversos outros pontos que poderiam ser ressaltados. Porém, não é objetivo do livro a análise comparativa do primeiro capítulo até o verso 4 do segundo capítulo e o restante do texto de Gênesis 2, tampouco desenvolver e aprofundar os aspectos teológicos desse último. O foco recai exclusivamente no primeiro relato.

1.3 A autoria e contexto de produção de gênesis 1,1–2,4a

A pesquisa do adjetivo *tov* dentro da composição de Gênesis 1,1–2,4a aspira uma compreensão de mundo e sabedoria que serve como instrução formadora para a sociedade atual, especialmente considerando o contexto brasileiro, no qual a predominância do cristianismo torna muito presente o uso texto bíblico para formação dos dogmas sociais, éticos e morais. Para alcançar tal finalidade e tornar sólida a tese ora proposta, são essenciais as advertências de biblistas contemporâneos, desde Schwantes, com uma perceptível e assumida preocupação de transformar a pesquisa acadêmica em iniciativas de transformação social, até os mais atuais, como Luiz José Dietrich. Essas advertências trazem a responsabilidade de, para atualizar um texto, conhecer aspectos essenciais de sua história e seu papel como formador da história de seu povo. Assim, duas delas servem para justificar a necessidade de compreensão da autoria e do contexto:

> Para que se possa usar a narrativa bíblica como uma importante fonte para a elaboração da história de Israel nos dias de hoje, primeiramente é necessário compreender quando, como, em que contextos, por quem e principalmente com que objetivos essa narrativa foi elaborada. (DIETRICH, 2022, p. 28).

> É preciso repensar os conceitos tradicionais de revelação, inspiração e Palavra de Deus, que geralmente estão vinculados aos textos bíblicos. É necessário construir uma nova forma de compreender a bíblia, não tanto como livro caído do céu, mas como um livro que brota da história humana, lugares e tempos específicos da vida na terra. (Ibid., p. 18).

O estudo da autoria dos capítulos ou perícopes de Gênesis não é tarefa fácil. Primeiramente porque, quando se trata do primeiro livro bíblico, não estamos tratando de um único autor[5],

5 Ainda hoje, muitos fiéis do cristianismo, assim como muitos líderes religiosos, atribuem a Moisés a autoria do pentateuco. Entre os biblistas atuais essa parece ser uma questão já superada. Galvagno e Giuntoli (2020, p. 130) advertem que "a atribuição integralmen-

nem no livro em geral, nem nos capítulos individualmente. Sobre essa complexidade é válido transcrever os ensinamentos de Westermann (2013, p. 7):

> O livro do Gênesis cresceu a partir de uma profusão de elementos individuais, em primeira linha narrativas, que não foram primeiramente registradas por escritos e só depois narradas, mas que primeiro foram narradas e só depois, às vezes muito tempo depois, registradas por escrito. Nesse processo, elas foram juntadas umas às outras e a outras tradições em composições maiores e, nesses contextos novos e mais amplos, muitas vezes passaram por modificações de todo tipo, sofrendo acréscimos e alterações da parte daqueles que

te mosaica da Toráh começou de algum modo a vacilar já no seio da própria tradição de Israel". Ainda na era medieval, segundo estes autores, "Abraham bem Meir ibn Ezra (1089-1164), rabino de origem hispânica, iniciou timidamente a observar que só abandonado a lógica e a racionalidade das argumentações e da trama narrativa algumas passagens do Pentateuco podem ser atribuídas a uma paternidade mosaica". Conforme relata Dietrich (2022, p. 15-16), enquanto os primeiros navios europeus chegavam às Américas, os estudiosos críticos da Bíblia, estimulados pelo movimento do Renascimento, discutiam os diversos anacronismos e incorreções históricas apresentadas nos textos bíblicos. Contradições e repetições, facilmente percebidas em leituras mais atentas, a exemplo da ordem divina sobre o embarque de Noé em conjunto com apenas um casal de cada animal existente (Gn 6,19-20) e o relato posterior (Gn 7,2-3) em que a ordem se refere a sete casais de cada animal, acrescidos da escolha entre os que são puros e impuros, além de muitos outros: duas narrativas da criação em Gn 1 e 2; duas genealogias de Caim em Gn 4,17-26 e 5,12-31; duas genealogias de Sem em Gn 10,21-25 e 11,10-17; duas narrativas do dilúvio, da aliança, da expulsão de Agar, a história de José e assim sucessivamente. A presença dessas e muitas outras diferentes e contraditórias informações no texto, demonstra a impossibilidade de uma única autoria para ele. Para mais detalhes é possível consultar o livro *Uma História de Israel*, lançado pela editora Paulus em 2022.

> as transmitiam de geração em geração. Não há uma só frase nesse livro que seja obra de um único autor; todas elas percorrem um caminho tradicional compartilhado por muitos. Sendo assim, o único modo de interpretar este livro em nosso tempo é permitir que o leitor de hoje participe da história que deu origem a ele. Naturalmente isso só é possível em termos muito limitados; mas é a única possibilidade de dar voz ao Gênesis hoje.

Participar da história que deu origem ao texto, como sugere Westermann na citação anterior, reconhecendo, no entanto, os limites dessa tarefa, é algo que encontra desafios que começaram desde o início dos estudos críticos da Bíblia e que perduram até os dias de hoje. Para não desviar do foco, evitando que este subtítulo se torne um "Estado da Arte", mas deixando clara a possibilidade de desencontros em detalhes entre autores que escreveram em diferentes períodos de avanço da pesquisa, é necessário fazer a pontuação detalhada a seguir.

Autores consagrados (como Von Rad, Morbely, Westermann, Sarna, Smith e outros), utilizam a chamada teoria das fontes ou, como também é conhecida, a teoria documentária[6],

6 Para conhecer mais sobre o desenvolvimento da teoria das fontes e documentos e sua história, além das hipóteses anteriormente levantadas, especificamente em Gênesis, consultar: EVANS, C. A.; LOHR, J. N.; PETERSEN, D. L., 2012. Esta, especialmente no pentateuco e livros históricos, consolidou-se entre 1600-1950 EC, sendo a mais utilizada pelos estudiosos da Bíblia, difundindo-se entre as diversas áreas do fazer teológico que utilizaram destes resultados para construir uma possível história para Israel e seus textos sagrados. A primeira fonte utilizada pelos redatores finais do texto sagrado seria a J (javista), originária de Judá, em Jerusalém, nas cortes de Davi e Salomão, no século X AEC, e de onde viriam os documentos que se referem a Javé como divindade de Israel. A segunda fonte seria a E (elohista), originária do reino de Israel Norte, entre os séculos IX–VIII AEC, após

já em desuso perante as pesquisas atuais, que têm evoluído e trazido grandes mudanças nos últimos 40 anos (DIETRICH, 2022, p. 21), para atribuir a autoria e a datação ao texto de Gênesis 1,1–2,4a. Porém, isso é feito por eles com alocação do texto dentro da fonte sacerdotal (P). Ainda que essa hipótese esteja ultrapassada, decidiu-se manter os estudos dos autores, assim como manter as citações que, vez ou outra, mencionem a fonte sacerdotal, por considerar que, apesar da autoria tratada neste livro não pertencer a uma fonte específica, ainda assim a hipótese anteriormente levantada e utilizada reforça ainda mais o ambiente de origem e recepção do texto sagrado aqui estudado.

Ainda que a hipótese não seja mais sustentável para os críticos mais recentes do texto bíblico, o período do exílio e as motivações que são pano de fundo do escrito permanecem as mesmas. Não houve, nesse sentido, nenhuma proposição de que tais textos tenham nascido fora do período do exílio babilônico; nada leva a crer que o mito tenha surgido, ainda que oralmente, antes ou depois desse período. De fato, pode-se propor que ele tenha ganhado destaque, força e alguns contornos no período pós-exílico, em oposição ao Império Persa, sobrevivendo às tentativas de uma teologia exclusivista e xenofóbica, e perma-

uma possível divisão dos dois reinos. Nela é feita uma reelaboração do documento javista e a divindade de Israel seria chamada de *Elohim*. A terceira hipótese de fonte é a D (deuteronomista) que teria ampliado e modificado textos possivelmente encontrados no Templo, sob o reinado de Josias e apresentado-os como "o livro da Lei" a fim de legitimar a reforma que estava sendo implementada. Esses textos encontrados pela corte de Josias e editados por D, seriam documentos jeovistas, uma profusão das fontes elohista e javista com acréscimos e alterações, ocorrida por volta de 722 AEC pela corte de Ezequias. Por fim, a quarta fonte é a P (sacerdotal). Conforme esta teoria, o Pentateuco tem sua origem durante o exílio, na Babilônia, onde um novo documento teria sido escrito, por volta de 597 AEC, por sacerdotes exilados que tentaram reelaborar suas leis e ritos, estabelecendo a identidade do povo de Deus no exílio.

necendo entre os textos sagrados ao longo dos séculos. No entanto, o dado da pesquisa acadêmica que se mantém e que justifica a interpretação do texto à luz de uma origem exílica, não mudou. Expatriados na Babilônia são os formadores desse mito da criação.

Quer o estudioso crítico defenda a autoria em P, quer nosso estudo seja guiado pela atual pesquisa, em ambos os casos, Gênesis 1,1–2,4a é fruto do contexto e da vivência de um grupo de israelitas exilados na Babilônia, tentando sobreviver às influências estrangeiras que ameaçavam apagar sua identidade e tradição.

Demonstrando a veracidade do que se alega anteriormente, Westermann (2013, p. 22), de quem muito a teologia atual extrai conhecimento e pesquisa, em seu comentário exegético-teológico sobre Gênesis, com estudos da década de 80, assim escreve: "Com a história da criação de Gn 1, o autor do Escrito Sacerdotal (P) inaugura uma obra historiográfica que se estende da criação do mundo até a entrada triunfal na terra prometida". Da mesma forma, Schimid (2012, p. 34) propôs que:

> Os estudiosos do século XIX acreditavam que P era a camada fundamental do Pentateuco, o que, em certo sentido, ainda é verdade: P aparentemente estabeleceu o fio principal ao longo do qual materiais de texto mais antigos e anteriormente independentes também foram organizados. Apesar de todas as incertezas da pesquisa a respeito do pentateuco, P ainda permanece uma suposição suficientemente segura. Seus textos provavelmente formaram uma entidade literária independente que poderia ter sido escrita no final do século VI a.C.

Moberly (2009, p. 49), também seguindo essa linha, sustenta que: "Gênesis 1 deve ser atribuída a 'P', o autor sacerdotal, no contexto do exílio de Judá à Babilônia, no século VI a.C.". Sobre isso, é possível, na verdade, afirmar categoricamente que de fato a produção se dá no contexto do exílio, com uma recepção e divulgação bem aquecida no período do pós-exílio. Isso porque, ainda que a teoria das fontes, ou hipótese documentária, não se sustente diante das pesquisas recentes por ser questionável a ideia de uma escola produtora dos textos, ela coincide com as atuais pesquisas no que tange ao contexto.

A atual pesquisa se fundamenta num equilíbrio entre o texto sagrado disponível no papel e as informações obtidas pelas outras áreas do saber, como o arqueológico, o arquitetural, o literário, e filológico, dentre outros. Por meio da arqueologia moderna, já se sabe que a escrita só foi difundida em Judá a partir do reinado de Ezequias, que possivelmente ocorreu entre 716-687 AEC, com um fluxo aumentado no reinado de Josias, em 640-609 AEC. Por isso, ainda que os textos sejam reflexo de uma tradição oral que sobreviveu por séculos, são também amparo para objetivos específicos de cunho político. Segundo Dietrich (2022, p. 29), por volta de 450-350 AEC a teocracia sacerdotal pós-exílica providenciou uma redação final desse conjunto de textos que compõem o Pentateuco, os livros históricos e proféticos, com uma sequência e cronologia próprias para tornarem-se a Lei de Israel. Essa edição pós-exílica se sustenta até hoje na Bíblia Hebraica e no Antigo Testamento da Bíblia Cristã.

Sobre Gênesis 1,1–2,4a, tornou-se seguro entre os biblistas afirmar que se trata de uma produção literária do exílio babilônico, com sua recepção e consolidação também no período pós-exílico de dominação persa. Segundo Schwantes (1989, p. 27), "em resumo, Gênesis 1 situa-se no 6º século, no exílio na Babilônia", e para ele "este dado dificilmente poderá ser questionado". Ultrapassando a proposta de um contexto apenas,

Schwantes propõe um grupo específico para origem da obra, afirmando que a poesia de Gênesis 1,1–2,4a foi dada por ex-sacerdotes e ex-cantores do templo de Jerusalém que, na ocasião do exílio, longe do templo, passaram a cumprir a função profética, usando a palavra como uma arma em prol da esperança e da organização religiosa[7]. Nessa poesia, portanto, os sacerdotes e levitas deportados, a partir da palavra, criaram um próprio mundo novo. A obra de criação que inaugura o cânon hebraico e cristão, portanto, "provém de ex-sacerdotes que, em meio às dores da escravização, foram feitos profetas" (SCHWANTES, 1989, p. 28).

Em consonância ao pensamento de Schwantes, Von Rad (1982, p. 31), que utilizou como parâmetro a já mencionada teoria das fontes, também propôs ao escrito uma autoria vinda de sacerdotes, sustentando que os sacerdotes possuem características próprias em sua escrita. Nela, pode-se perceber uma identidade própria, que conduz a uma doutrina por essência. Não se trata de uma mera narrativa, mas da produção de uma reflexão teológica intensiva e geradora de grandes efeitos sociais.

Para Von Rad (1982), a maneira de compor a obra é completamente diferente. A linguagem é concentrada e maciça, pedante e sem arte, no sentido de tramas carregadas de emoção. Antes, torna-se uma proposta muito detalhada que se esforça para descrever conceitualmente o objeto de uma forma total (por exemplo, Gn 1; 9; 17). Mas, ainda assim, diante de uma certa distância que parece ser tomada na obra Sacerdotal, Schwantes (1989, p. 27) defende que Gênesis 1,1–2,4a é um texto que surge

7 Para Schwantes, esses líderes religiosos se viram longe da necessidade de governar pessoas a partir de suas lentes religiosas, expulsando de seu convívio pessoas como Amós, ou de pôr em cadeias profetas como Jeremias, que alertavam ao povo sobre a corrupção de seus governantes. Esses líderes, agora, precisavam se organizar e ser os próprios profetas que se defendiam dos opressores e corruptos.

do sofrimento, que nasce no coração e na boca de seres humanos desenraizados, expatriados, "povos e grupos massacrados e espoliados pelo imperialismo babilônico".

Hendel (2012, p. 62), igualmente, destaca que a obra tem seus horizontes históricos naturais no exílio babilônico, o que torna quase impossível negar a influência dessas circunstâncias na moldagem do texto, ou seja, do exílio de Judá para o Império Babilônico e as percepções ontológicas que deram forma ao texto. Isso porque ele é uma expressão de esperança, um pedido de socorro, uma ressignificação identitária num novo ambiente que possui uma cultura política e religiosa oposta aos costumes judaítas.

O sofrimento dos autores da criação é uma questão sobretudo importante aqui. Schwantes (1989), ao propor uma autoria de sacerdotes que se tornaram profetas, não parece estar se referindo ao grupo de sacerdotes que, utilizando-se de posição e status, desejava criar bases para legitimar o controle e a exploração de outros. Tampouco parece estar se referindo aos sacerdotes aliados dos impérios dominantes, que usufruíram de todos os benefícios que lhes eram oferecidos no ambiente do exílio. Schwantes não esclarece essa questão, mas dedica-se com aparente esmero em relatar a possível situação desses autores, de saudade de sua pátria, de sofrimento por si e pelos outros, pelos humanos. A perspectiva de seu texto é uma perspectiva própria, universalizante e libertária, que não defende uma raça, nem uma lei ou um dogma, não busca pureza nos parâmetros propostos pelos líderes que até então haviam dominado Israel, nem apresenta um Deus totalmente separado dos humanos, como fazem os escritos sacerdotais comuns.

Em sua proposta, Schwantes (1989, p. 27) considera que esse grupo de deportados está sob o controle do exército, designados como trabalhadores forçados que precisam entregar alta produção e desempenho ao Estado babilônico. Por isso, para compreender e estudar Gênesis 1, "é imprescindível incorporar, como pano de fundo, os gemidos e as dores de gente escravizada e sugada ao máximo para a glória do império. A interpretação precisa situar esta poesia neste conflito!".

Como análise desse período e das possíveis emoções que se possa encontrar nos escritos, Nakanose (2022, p. 155) propõe analisar a situação dos exilados a partir dos relatos do livro das Lamentações. Nele, pode-se encontrar não apenas a destruição da terra e das propriedades dos que foram levados, mas, também, a violência física, sexual e mental. A exemplo de Lamentações 5.10-16, é possível ver o caos retratado no texto:

> Nossa pele queima como forno, torturada pela fome. Violentaram as mulheres em Sião e as virgens nas cidades de Judá. Com suas mãos esganaram os chefes e não respeitaram os anciãos. Forçaram os jovens a girar o moinho; os rapazes sucumbiram sob o peso da lenha. Os anciãos já não participam do conselho, e os jovens deixaram seus instrumentos de corda. Acabou a alegria que nos enchia o coração, nossa dança se mudou em luto. Caiu a coroa da nossa cabeça. Ai de nós, porque pecamos![8]

Esses relatos remontam à segunda deportação de israelitas para a Babilônia. Ainda que a primeira deportação na qual estava a elite israelita tenha sido mais plácida, e os exilados tenham sido, inclusive, integrados à corte, a segunda depor-

8 Outro texto interessante de ser analisado está em Habacuc 1,2-3: "Até quando, Javé, vou pedir socorro, sem que me escutes? Até quando clamarei a ti: 'Violência!' sem que tu me tragas a salvação? Por que me fazes ver o crime e contemplar a injustiça? Opressão e violência estão à minha frente; surgem processos e levantam-se rixas".

tação revela uma realidade diferente[9], carregada de violência, sofrimentos, morte e da destruição completa de Jerusalém. O texto acima retrata essa segunda realidade, de desespero. Os expatriados precisavam lidar com a presença ostensiva e cruel do exército em suas aldeias, além de terem que pagar altos tributos por meio de produção e mão de obra. Eram homens que precisavam desempenhar funções no exército e no trabalho forçado, e mulheres que precisavam fazer o serviço do palácio ou servirem como concubinas dos reis e dos príncipes. Era uma realidade caótica que incluía até mesmo racionamento de alimentos (RÖMER, 2019).

Diante da devastação, os autores, os novos profetas, surgem e agem antes que, juntamente com tudo, desmorone também a identidade e fé deles no Deus de seus antepassados. Römer (2019, p. 29) alude que:

> A destruição de Jerusalém e de seu templo pelos babilônicos, em 587 antes da era cristã, tinha provocado, nos intelectuais, uma crise ideológica. Os pilares identificadores de um povo do Antigo Oriente próximo, isto é, o rei, o templo do deus nacional e a terra, tinham desmoronado. Era preciso encontrar novos fundamentos para expressar a identidade de um povo privado de suas instituições tradicionais, e é assim que foram dadas diferentes respostas à crise.

Sobre esse cenário, inclusive, Pedrosa (2022, p. 171-176) afirma que nas novas investigações arqueológicas, onde documentos do *corpus* de Al-Yahudu são encontrados, é possível identificar alguns detalhes da vida cotidiana dos judaítas, que

9 Sobre a situação dos exilados da primeira deportação, ler FINKELSTEIN; SILBERMAN, 2018, p. 385.

viviam nos assentamentos rurais do sul da Babilônia, em quatro gerações. Para eles, a terra sob sua responsabilidade servia para a sobrevivência cotidiana, pagamentos dos impostos e demais obrigações que tinham com o império. Era, sem dúvida, um grupo empobrecido. Além disso, segundo Pedrosa (2022), esses documentos deixam transparecer a presença de grupos judaítas humildes que, certamente, eram incapazes de retornar à terra natal ainda que quisessem. Sem escolha, permaneciam exilados na Babilônia.

Esse grupo, então, precisou encontrar uma maneira de manter sua identidade segura, possível de ser transmitida às próximas gerações, e também se manter fiel à fé de seus antepassados. Diante das práticas religiosas dos babilônicos, a realidade dos fiéis adoradores de Javé não era simples:

> (...) o templo fora saqueado e destruído; o rei, exilado; a terra ficou para trás (cf. 2Rs 25,1-21). Convivendo com povos de diferentes etnias, culturas e religiões, corriam o risco de perder a identidade étnico-religiosa, num ambiente em que careciam de peso social. Era, apenas, um povo em meio a tantos outros. A crise maior dizia respeito à identidade de seu Deus – YHWH – a quem aprenderam a cultuar como Deus dos deuses, Senhor dos senhores, YHWH dos Exércitos, o Onipotente (cf. Dt 10,17; Sl 136[135],2-3). (VITÓRIO, 2018, p. 94).

O fato dos babilônios dominarem os israelitas, a partir da cosmovisão daquele tempo, era entendida como uma dominação entre os deuses. O Deus dos babilônicos havia vencido e dominado o Deus de Israel. "Nessa lógica, Marduk, divindade principal do panteão babilônico, vencera YHWH" (VITÓRIO, 2018, p. 94). Ou como aduz Nakanose (2022, p. 184) "quem foi o culpado? Javé, o Deus nacional de Judá abandonara seu povo?

Ou Javé fora derrotado por Marduk, o Deus dos babilônios, de acordo com a teologia da época?".

Isso trazia aos israelitas fiéis à religião de seus antepassados diversos questionamentos: Fomos enganados ao colocar nossa confiança neste Deus? Nosso Deus é impotente diante do Deus dos nossos opressores? Por que estamos entregues nas mãos dos inimigos, sem que Deus aja em nosso favor? Em que devemos crer agora? "As respostas estão nos textos da redação exílica, escritos por escribas levitas, outrora a serviço do templo de Jerusalém" (NAKANOSE, 2022, p. 184). A situação era de clara insegurança e incerteza sobre a realidade vivida e futuro que se apresentava como incerto.

É nesse ambiente de crise da fé em Javé que desponta o sacerdote como profeta/poeta, ou melhor, que nascem as profecias e poesias de esperança e recomeço, de organização do caos e da salvação. A tarefa passa a ser a de manter acesa a fé na divindade de seus antepassados, de manter viva a chama da esperança de voltarem para a terra prometida dos ancestrais e serem dominados somente pelo próprio Deus. Segundo Vitório (2018, p. 95), a função profética dos autores dos textos produzidos nesse contexto trata de:

> (...) reforçar a certeza da presença amorosa de Deus, incapaz de desamparar seu povo; alertar contra a tentação da idolatria; recordar os *gesta Dei* de outrora e, sobretudo, ajudar os exilados a fazer a leitura dos sinais dos tempos, como hermenêutica teológica da história.

Especificamente sobre o momento em que esses sacerdotes e levitas tornam-se profetas, é possível imaginar que suas posições se tornam mais sólidas quando a esperança na reviravolta do cenário imperial se concretiza e o rei Ciro assume o comando do Império Persa, o que porá fim ao Império Babilônico, em 539

AEC. Nesse sentido, a vitória sobre a divindade dos babilônicos serve certamente de consolo para os exilados e como esperança para uma nova etapa dessa história.

Pelo que escreve Zabatiero (2007), o exílio coloca novos desafios aos seguidores de Javé. Era preciso criar maneiras de falar de Javé e de viver com Javé diante da teologia babilônica. É uma árdua tarefa produzir uma teologia em resposta aos discursos que já vigoravam naquela região onde os exilados estavam. O contexto que envolvia o exílio exigia a fé de que o Deus de Israel não tinha concorrentes. Era preciso crer na sua condição de senhor do mundo e de todos os seres vivos. "Se existe apenas um único Deus, tudo o que acontece, tudo o que se manifesta desde a criação do mundo até à eternidade depende dele" (FOHRER, 1983, p. 402). Dar importância a *Marduk* ou a qualquer divindade era, para eles, uma completa insensatez. Fora do Deus de Israel, todas as outras divindades são consideradas criaturas que lhe estão submetidas e das quais servem como mediações para realizar o projeto de salvação para seu povo.

Portanto, seja no exílio, no retorno dele, ou na continuação da história, o texto faz parte de um grande projeto de esperança que, em todo tempo, "fomenta o olhar para frente, o porvir" (SCHWANTES, 1989, p. 13). E, apesar de sua construção aparente de narrativa, Gênesis 1,1–2,4a é um texto visivelmente poético e mitológico. Nele, há a presença de frases ritmadas, estrofes e até refrões, a exemplo dos versos 5, 8, 13 etc., com as repetições de "houve tarde e manhã", acompanhadas de figuras mitológicas importantíssimas, porém sob perspectivas ainda não exploradas por outras nações.

A presença dos refrões pode sugerir o uso do texto como forma de repetição, em poema, pelos fiéis em ocasião de liturgia. "Na assembleia do povo, este capítulo terá sido recitado, talvez até em responsório, entoado pelos que presidiam a reunião" (SCHWANTES, 1989, p. 25). Esse poema, se assim utilizado, contém em si um propósito que, na visão de Schwantes, para ser muito claro e objetivo, qual seja: "um texto para animar a comunidade reunida".

Sendo, portanto, um texto sacerdotal que contém o desejo de construção normativa, com a finalidade de dar ânimo, pode-se concluir que é um texto que contém em si a teologia da esperança, do ideal, da busca pelo modelo de Javé para seu povo. Entretanto, alguns aspectos do texto precisam ser mais bem observados.

1.4 Gênesis 1,1–2,4a como um texto mitológico

O primeiro texto bíblico das origens é, portanto, assumido neste livro como produzido em meio ao caos do exílio babilônico, utilizado e difundido como um texto litúrgico, de caráter profético, e que foi recebido pelas gerações seguintes, possivelmente recebendo uma edição final sob o jugo do Império Persa. A obra da criação, portanto, contém a visão cosmogônica dos judaítas dos séculos VI e V AEC sobre Deus e a vida neste cosmo por ele criado. O intuito que se sugere a ela é o de analisar a realidade, responder às dúvidas e oferecer um projeto de esperança que reafirme a dignidade do povo escravizado (todas as pessoas são imagem e semelhança de Deus), e também dê suporte para enfrentar o sofrimento atual na busca de um futuro idealizado.

Parte-se do pressuposto que as narrativas do livro de Gênesis, de uma maneira geral, são particulares e etiológico-culturais com objetivo de explicar determinadas peculiaridades das relações mútuas entre as tribos e os povos após a sua formação (são, portanto, tradições com etiologia etnológica), em vista do que foi acima mencionado. Alguns desses relatos já possuem o corte de pequenas composições configuradas em romance. Gunkel (*In:* VON RAD, 1982), a quem se deve tais afirmações, arguirá ser a forma pré-literária dessas tradições, nas quais encontram-se as lendas e as sagas.

É possível iniciar esse entendimento com os esclarecimentos oferecidos por Arens (2011, p. 25-26), ao dizer que:

> Os mitos falam de realidades (não ficção) que estão além de nossa simples compreensão pragmática e das quais não há testemunhas; é por isso que eles são expressos em símbolos e metáforas. A finalidade de todo mito é explicar a origem de algo significativo para o homem: a origem do mundo, da humanidade, de um povo, dos fenômenos naturais, do culto, de certos males etc. Para seus narradores trata-se de realidades acontecidas. A classificação dessas histórias como mitos é nossa, assim como a distinção entre mito e realidade, graças ao nosso conhecimento. Na cabeça de muitas pessoas, mito é sinônimo de falsidade, mentira, como se a única narrativa verdadeira fosse a história, como se a única verdade fosse demonstrável (científica). Mas, como todos os gêneros literários, o mito tem sua verdade, que não é uma verdade matemática, biológica ou histórica. Não é histórico ou científico, mas religioso e teológico; diz respeito à transcendência, à criação, à vida, à salvação. A verdade (convicção) de que Deus é o "criador" do homem foi expressa miticamente através dos relatos que lemos em Gn 1-2. Não é da ordem do palpável, objetivo, demonstrável. Sua verdade é do tipo poético, que não é a mesma de um relato histórico, porém tem "sua verdade", uma verdade muitas vezes mais profunda que a de um relato histórico.

Corroborando com esse entendimento, Almeida Junior (2014, p. 15) afirma que o mito é uma narrativa sobre uma história sagrada. Isso quer dizer que o mito irá narrar acontecimentos por meio de símbolos, prosas, poemas ou canções, e esses acontecimentos são referentes a determinados personagens. Sobre o sagrado que envolve o mito, Mircea Eliade (1992, p. 11 *apud* ALMEIDA JUNIOR, 2014, p. 16) afirma que:

> O mito conta uma história sagrada; ele relata um acontecimento no tempo primordial, o tempo fabuloso do "princípio". Em outros termos, o mito narra como, graças às façanhas dos Entes Sobrenaturais, uma realidade passou a existir, seja uma realidade total, o Cosmo, ou apenas um fragmento: uma ilha, uma espécie vegetal, um comportamento humano, uma instituição [...] O mito fala apenas do que realmente ocorreu, do que se manifestou plenamente.

A observação feita por Rossi e Perondi sobre o mito que contém a história sagrada é crucial na compreensão do texto. Os autores advertem que "os mitos são histórias sagradas, mas dizem respeito à história profana. Antes de falar a respeito de deuses e deuses, os mitos querem, na verdade, interpretar o cotidiano" (ROSSI; PERONDI, 2020, p. 78). O mito tem, portanto, uma função social clara: dar sentido a uma realidade, comunicando os sentidos que são incomunicáveis senão por meio da linguagem simbólica. Seu objetivo final é "dizer algo a respeito de alguma coisa" (Ibid., p. 54) e, para que esse objetivo se cumpra e sua função social seja desempenhada, não basta apenas que haja um emissor (escritor/inventor) e um receptor (destinatários leitores/ouvintes). Antes, é preciso que ele contenha uma realidade e o que se interpreta dela. Na construção do mito, o emissor transfere sua vivência, sua experiência e o que dela compreende a outros, traduzindo em símbolos e expressões poéticas o que é muitas vezes indizível na busca por explicar a realidade dos espaços sociais. Nas palavras dos autores:

> O mito é uma experiência existencial porque, de fato, é uma construção epistemológica derivada dos conflitos locais vividos por determinadas comunidades. O relato mítico nasce, portanto, como respostas, contradições do cotidiano que afetavam a vida e o dia a dia dos sujeitos. Consequentemente, o mito não se baseia em acontecimento histórico. Ele é um relato de algo supostamente ocorrido em um tempo imemorial, que se expressa com personagens representativos e em figuras simbólicas e coloridas, e, em geral, com intervenção de seres, poderes ou forças que não são deste mundo. Reflete, portanto, a maneira de compreender e de expressar-se do mundo que é pré-científica e pré-filosófica. Fala-se tempos e lugares remotos que, cientificamente não comprováveis e historicamente, não verificáveis. Os mitos. São mais acerca dos valores e condições presentes do povo que os criou, que sobre o passado obscuro e o futuro desconhecido. (ROSSI; PERONDI, 2020, p. 70).

Outra importante observação é que, para considerar um mito a partir de sua função social, é necessário reconhecê-lo como como uma obra literária de projeção local. Isso quer dizer que, ainda que um relato mitológico fale sobre as origens, por exemplo do cosmo, do ser humano, de uma tradição, de um povo, ainda assim, está falando de uma experiência direta, de uma realidade concreta e não universal. A história do mito pode não ser comprovada cientificamente, mas a história de onde o mito é originário precisa ser conhecida para que se possa compreender as perguntas que a narrativa simbólica estava tentando responder e, num processo hermenêutico, possa ser utilizada numa perspectiva mais universal. Cada povo, então, terá sua maneira de dar sentido à realidade, ainda que utilizando dos mitos já existentes de outros povos, para, por meio de um contramito, gerar sentido ao seu grupo delimitado (ROSSI; PERONDI, 2020, p. 69).

Sobre o assunto, Croatto (2002, p. 220) pontua que "o mito surge da questão de por que as coisas são assim agora, e responde: 'porque os Deuses as fizeram assim, como são agora'". Para o autor, mitos referem-se à realidade social, às situações, à vida do grupo, suas leis ou costumes, suas instituições e suas práticas. E, por meio deles, do evento narrado no mito, o arquétipo se forma para dar sentido à realidade presente, propondo um fundamento sagrado que estimula o grupo a lidar com a realidade como quem lida com o próprio divino. O mito tem como parte de sua função "aflorar a consciência em toda a sua dimensão criacional" (CROATTO, 2002, p. 227).

Através de sua função, o mito põe o pé no chão, na realidade, na história. Por isso, é possível conceber, inclusive, sua função política. No caso do texto hebraico, seus possíveis autores foram pessoas letradas em um período em que a escrita era privilégio de poucos, como sacerdotes, escribas e membros da corte, responsáveis pela organização e manutenção da sociedade. Sendo o mito uma forma de explicar a realidade e propor uma esperança ativa, ou seja, que gere movimento, ele torna-se um fundamento para legitimar leis e dogmas a se imporem ao povo como vindos de Deus. Mas, por analogia e contraste, da mesma forma, o (contra) mito serve também para questionar e impugnar ações imperialistas que fazem o povo sofrer.

Na perspectiva de Araújo et al. (2021), o mito possui funções pedagógicas, uma vez que pretende explicar uma realidade inteligível, tornando o mistério mais claro e compreensível à medida que as figuras tentam dar forma ao que muitas vezes parece sombrio e obscuro. Por meio do mito, se promove reflexão e aprendizado sobre determinada realidade. Segundo os autores, as narrativas míticas respondiam às necessidades do seu tempo, dando conhecimento ao povo e amenizando o espanto que tinham em meio às situações caóticas. Por esse motivo, o mito como ponto de partida para outras reflexões "é muito importante, pois a linguagem metafórica com que ele se reveste, bem como sua capacidade de encanto tem um sentido pedagogizante" (ARAÚJO; GONZAGA; ANJOS; VIEIRA, 2021, p. 735).

O pensamento mítico "nasceu como uma das primeiras manifestações do que seria mais tarde o pensamento religioso, isso é, a consciência do homem em face de um Princípio Superior Absoluto que o explica e o justifica" (COELHO, 2008, p. 86), e que, portanto, pretende responder de alguma forma perguntas complexas que não são passíveis de respostas científicas: Por que nascemos? Por que morremos? Para que existimos?

Von Rad (1982) explica que, nas tradições antigas, é preciso lidar com os mitos, os quais ele irá chamar de sagas ou lendas, propondo que cada uma tinha suas limitações regionais, ou seja, suas tradições específicas por trás. Essas narrativas literárias, portanto, enquanto tradição oral, percorriam e correspondiam às demandas específicas de suas regiões e de suas relações sociais, em sociedades mais ou menos estratificadas, numa tentativa de trazer respostas a elas. São narrações etiológicas, lendas culturais que precisam ser reconhecidas dentro de seu contexto.

Isso significa superar a desconfiança em relação às lendas ou sagas, deixando de basear-se, como regra, na questionabilidade do seu valor histórico. "Eles são considerados um produto da fantasia poética, e como tal não têm nada a ver com a realidade histórica ou, na melhor das hipóteses, sua relação com ela é frágil" (VON RAD, 1982, p. 37). Consciente ou inconsciente, essa subvalorização das lendas é fruto de uma devoção à historiografia própria do século XIX, na qual pensa-se que é possível acessar registros fiéis de tudo o que a lenda transmite por meio dos símbolos e dos detalhes.

Essa manifestação acaba por assustar alguns estudiosos que, aparentemente, não compreendem mitos, lendas e sagas, propondo-os como se tratassem de invenções mentirosas e descontextualizadas. Como exemplo, tem-se a introdução ao texto de Gênesis escrita por Longman III (2009, p. 23), que entende Gênesis como um texto que não vai contra à ciência moderna. Ainda assim, o autor afirma que:

> Outros gêneros propostos para rotular Gênesis no todo ou em parte incluem novela, lenda, fábula, etiologia e mito. Tais termos são claramente preconceituosos em relação à intencionalidade histórica do livro. São motivados mais pela relutância e incapacidade do intérprete moderno em aceitar a realidade do mundo de Gênesis do que pela clara percepção da intenção do texto (LONGMAN III, 2009, p. 69)[10].

10 Essa crítica é muito comum no meio cristão, o que faz jus à preocupação de Westemann explicitada no início do presente capítulo. A obra sobre Gêneses do escritor David Engelsma (2013, p. 7) é inaugurada com o seguinte parágrafo: "Tudo sobre o tema deste ensaio polêmico está errado. Não há absolutamente nenhuma razão para separar Gênesis 1-11 do resto do Gênesis, do resto do Antigo Testamento, e do resto da Bíblia como sendo um tipo de escrita especial, de fato duvidosa. Não há dúvida se Gênesis 1-11 é histórico. Não pode haver dúvida sobre a historicidade de Gênesis 1-11. Apenas permitir a possibilidade de que Gênesis 1-11 seja mítico é incredulidade. Questionar seriamente: Gênesis 1-11, "História ou Mito?"; é fazer exatamente o que Eva fez quando cogitou a pergunta inicial da serpente falante: "É assim que Deus disse?" Gn 3:1. Tolerar a dúvida sobre a veracidade da Palavra de Deus é rebeldia e apostasia d'Ele". O autor, inclusive, propõe ser vergonhoso trabalhar com a temática desta forma. São leituras conservadoras que ignoram a riqueza das formas literárias por meio dos contos e a teologia que deles se pode extrair.

A afirmação acima não se sustenta em sua própria tese, quando na mesma página da citação ora apresentada (p. 69), o autor afirma que "é claro que, muito embora tenha havido a intenção de o livro ser lido como descrição do que realmente ocorreu no passado, é possível que isso não tenha acontecido" e que "tal como todos os textos históricos da Bíblia, pode ser descrito como 'história teológica'" (LONGMAN III, 2009, p. 69).

Diante de estudos incongruentes que afastam a riqueza literária das narrativas, é preciso destacar que a lenda não está desconectada da história. Ainda que sua pretensão não seja a reprodução fiel dos fatos históricos, o conteúdo está intimamente ligado à história. Portanto, a leitura do texto enquanto mito, saga, novela, poesia, não se trata de preconceito ou incapacidade, mas de encontrar a teologia dentro da história por meio das formas literárias.

A importância desses gêneros literários em Gênesis pode ser reconhecida quando dada atenção às explicações como as de Faria (2015, p. 12-13) sobre as formas, uma vez que o mito tem a ver com o mundo dos deuses e refere-se a um mistério, com uma crença atemporal. No mito, são narradas as relações entre o que é transcendente e o que é terreno.

Krauss (2007, p. 14) dirá que os mitos são resultados da tentativa de uma sociedade em responder dramaticamente, por meio de narrativas, sua autocompreensão e dar uma justificativa para suas instituições. Essas instituições são as que tratam das "suas relações para com os deuses, o comportamento da mulher e do homem, a origem da morte e todos os enigmáticos acontecimentos no mundo, como o nascimento do ser humano e dos animais, ou o crescimento das plantas". O que Krauss está chamando de "análise dramático-narrativa" em seu comentário ao Gênesis, é justamente o olhar para o texto a partir das questões ontológicas que o movem e que dão surgimento aos mitos.

Os mitos não excluem de si as lendas e as sagas. Contribuindo ao constructo do mito, a saga "procura demonstrar o sentido, a origem, por exemplo, de um nome, lugar ou costume, bem como justificar os elementos que culminaram em algo extraordinário" (FARIA, 2015, p. 24). Assim como a lenda, narra historiografia de seres humanos, lugares e cultos, nos quais se manifesta o sagrado, o divino, propondo os modelos a serem seguidos.

Uma vez que Israel conheceu vários mitos oriundos da cultura cananeia, egípcia, babilônica e mesopotâmica, muitos deles influenciaram os mitos bíblicos como forma de contramito. O contramito, assim sendo, é um neologismo criado para conferir uma nova interpretação a alguns outros mitos. Como o próprio termo indica, contra é oposição. "Chamemos esse contra de resistência. Resistência a quê? Ao pensamento e à cultura babilônicos que oprimiam os exilados" (FARIA, 2015, p. 20).

O que se encontra na mitologia do Gênesis é uma visão da realidade explicada por meio da projeção no passado. Ou seja, o interesse não recai sobre uma explicação científica e histórica do passado, mas sobre uma explicação do presente por meio de uma reconstrução imaginária do passado. "O texto procura mostrar os alicerces e estruturas fundamentais dos acontecimentos e realidades que se desenrolam em todo tempo e lugar. São como modelos para compreendermos a nossa vida e a história que vivemos" (STORNIOLO; BALANCIN, 2018, p. 8)

Seria possível dizer que na mitologia encontra-se a espiritualidade do tempo que pertence. Seja qual for o mito ou a lenda estudada, quanto à sua intenção original mais elementar sempre será possível observar a intenção de dar sentido a um evento real e único. Esse evento, sim, pertence ao âmbito da história e, consequentemente, pretende que seja levado a sério. Ou seja, através desses modelos os autores querem que se creia em algo. Em suas lendas, os povos lidam consigo mesmos e com as realidades em que se encontram. É uma percepção e uma interpretação, não só do que aconteceu outrora, mas do que misteriosamente está presente e determina a atualidade. Segundo Von Rad (1982, p. 39):

> Na grande maioria das vezes, no início da lenda temos um fato "histórico" que atua como catalisador; mas a partir daí se reflete nela uma vivência histórica da comunidade em questão, que chega até a atualidade do narrador. Como regra geral, este segundo elemento constitutivo é o mais poderoso, e muitas vezes prepondera tanto, que é capaz de elevar e ampliar o material até transformá-lo em tipo histórico após o qual se vai desfocando cada vez mais o que originalmente aconteceu de verdade. Em outros casos o grau de elaboração interna e de configuração dos materiais pela posterioridade é baixíssimo, como podemos ver por exemplo na tradição referente à aliança de Deus com Abraão (Gen 15,7ss), lenda cultual que visivelmente preservou em essência a sua forma arcaica.

Em algumas dessas propostas, o mito é analisado a partir da realidade de quem o lê. Em outras, a partir da realidade de quem o escreveu (ALMEIDA JUNIOR, 2014, p.11).

Como explica Nakanose (2022), o texto da criação na mitologia babilônica retrata que, no início havia *Apsu*, o Deus céu, e *Tiamat*, a Deusa caos: dois elementos que aparecem logo no início de Gêneses 1. Foi a união desses dois deuses, céu e caos, portanto, que deu origem a todos os outros deuses da mitologia. Entretanto, é *Marduk*, o Deus Sol, que será central no culto babilônico.

O culto a *Marduk* era cada vez mais forte na Babilônia, e com Nabucodonosor, a restauração e a criação de novos templos, especialmente os dedicados a *Marduk*, se tornaram intensos. Isso porque, assim como os israelitas, os babilônios também criam que sua força não estava apenas em sua capacidade militar, mas sim na força de sua divindade. A Babilônia já havia passado por uma derrota anteriormente, sendo compreendida como a ira de *Marduk* que entregou seu povo à destruição (LIVERANI, 2014, p. 206). Diante do acontecimento passado, Nabuconosor, como rei e sacerdote, era dedicado a *Marduk* e "renovava o poder real anualmente na festa do Ano-Novo. Nela, uma nova criação sobre o caos era celebrada com processões, sacrifícios, rituais, hinos e a apresentação do 'mito da criação'" (NAKANOSE, 2022, p. 198).

Para guardarem a fé e sobreviverem diante do sofrimento que o exílio lhes impunha, os judaítas precisaram relembrar quem era o criador e onde deveria se encaixar cada um dos elementos criados. Foi preciso organizar o caos e reascender a esperança em Javé como um Deus justo e poderoso para mudar aquela situação.

Portanto, diante do contexto em que os produtores do mito da criação se encontravam, é cabível a proposta de Gênesis 1,1–2,4a como um contramito diretamente ligado ao mito babilônico da criação. Com isso, seus significados se encontram intimamente ligados às representações simbólicas dos elementos utilizados na construção da narrativa. Compreender a leitura da realidade e o projeto de esperança proposto pelos autores e redatores finais de Gênesis 1 implica, em parte, a necessidade de uma aproximação com a mitologia babilônica da criação.

A partir desse comparativo, torna-se possível encontrar os elementos teológicos e normativos que estão sendo propostos na obra da criação e, posteriormente, compreender a função da repetição expressiva de *tov* na mensagem mítica.

1.5 O enuma elish e sua influência em gênesis 1,1–2,4a

Para os babilônios, o mito da criação se encontra na epopeia intitulada *Enūma Eliš*. O poema foi conservado em sete tabuinhas de argila, procedentes da Babilônia e da Assíria, escritos em acadiano. Segundo Brandão (2022, p. 15), a composição do escrito deve ter sido realizada por volta de 1125-1104 AEC, depois da conquista de Elam pelo rei Nebucadnezar, provavelmente no intuito de celebrar a vitória e a glória de *Marduk*, Deus da Babilônia.

A noção de que a história bíblica da criação está sobremaneira entrelaçada ao *Enuma Elish*, segundo Brandão (2022, p. 17), é apresentada pelo assiriólogo britânico George Smith em sua obra *The Chaldean Account of Genesis*[11], publicada em 1876 na cidade de Nova York. Smith e seus contemporâneos inquietavam-se com as semelhanças entre os elementos do *Enuma Elish* e a narrativa do Gênesis bíblico, observando, em especial, a presença das águas primordiais. Após a publicação de Smith, outros estudiosos passaram a dar atenção ao texto, propondo traduções e comentários ao épico que perduram até a presente década, com a tradução e comentários elaborados por Philippe Talon em 2019.

> Assim, pode-se dizer que a tarefa mais que secular de edição crítica do poema está, o texto com que se conta hoje sendo bastante completo, restando apenas algumas poucas passagens lacunares, especialmente na tabuinha 5. (BRANDÃO, 2022, p.17).

Este livro não se aprofundará em questões linguísticas e próprias da decifração da escrita cuneiforme. Aparentemente,

11 O Relato caldeu do Gênesis, em tradução livre.

as propostas de tradução para as tabuinhas, feitas por diferentes estudiosos de diferentes países ao longo do último século, aparentemente nos colocam em ambiente seguro para trabalhar com a epopeia. Além disso, no que diz respeito à associação do *Enuma Elish* com a criação em Gênesis, é visível que a maioria dos comentários modernos sobre o livro se trata de leituras à luz do mito babilônico (essa afirmação ficará mais evidente no próximo tópico 1.6).

Essa comparação entre as mitologias babilônica e hebraica também está presente nos importantes compêndios de textos antigos do Oriente Próximo relacionados à Bíblia, os quais apontam essas influências como fundamentais na formação do mito hebraico, que, nesse contexto, surge como um contramito à crença babilônica. Acredita-se que "esta cosmologia em particular é a mais importante de todas, uma vez que foi preservada mais ou menos em sua totalidade, e porque pertence ao mesmo antigo Oriente Próximo do qual o antigo Israel fazia parte" (SARNA, 1966, p. 4). Segundo Ngo et al. (2013, p. 3):

> O currículo para o ensino da Bíblia em escolas secundárias seculares israelenses foi revisado para incluir o ensino de Enūma Eliš. O clássico 'Entendendo Gênesis' de Nahum Sarna dedica quatro páginas ao mito. A coleção amplamente utilizada de mitos da Criação Mesopotâmica de Alexander Heidel, The Babylonian Genesis (escrito "não para o assírio profissional, mas sim para o estudioso do Antigo Testamento e o ministro cristão"), empresta 58 páginas a paralelos entre os textos babilônicos e bíblicos. Mas George Smith estava certo? O autor do relato da Criação de Gênesis foi fortemente influenciado por este antigo conto babilônico? Para responder a isso, devemos primeiro perguntar: O que é Enūma Eliš? Em primeiro lugar,

> Enūma Eliš é um poema, composto por 1.059 linhas escritas na língua acádia e inscritas em cuneiforme em sete tábuas. A história que este grande poema conta é um mito; isto é, explica o mundo como um reflexo das atividades divinas e das relações entre deuses.

Levando em consideração o que foi exposto no tópico 1.4 sobre os objetivos e a função do mito, bem como o que foi proposto no tópico 1.3, ao assumir o período originário de Gn 1,1–2,4a durante o exílio babilônico, possivelmente no contexto da segunda deportação, torna-se apropriado defender a ideia de que a narrativa da criação em Gênesis buscou comunicar uma mensagem profundamente vinculada aos efeitos sociais provocados pela epopéia babilônica. Portanto, neste momento serão apresentadas algumas semelhanças e aproximações entre o poema e Gênesis 1,1–2,4a, para posteriormente iluminar as influências do mito na formação da teologia dos exilados e, também, dos descendentes que mantiveram acesa a chama deste mito originário.

Sarna (1966, p. 7), sobre o *Enuma Elish*, faz uma interessante observação que por analogia se aplica ao texto hebraico. Segundo ele, foi "o mito que sustentou a civilização da Babilônia, que reforçou suas normas sociais e sua estrutura organizacional". A narrativa israelita, como contramito, sustenta e reforça a identidade e a organização daqueles que haviam sido colocados sob o jugo da Babilônia, mas a partir do contramito estabelecem uma crença, uma estrutura e uma esperança constante.

Ao atribuir à obra da criação hebraica a classificação de contramito, em que se propõe uma perspectiva que leva em conta o ambiente formador e o sofrimento envolvido num processo de expatriação, percebe-se a necessidade de se resgatar a fé em Deus e, provavelmente, resgatar quem de fato era o Deus de seus antepassados. Se trata da uma tarefa de reviver suas próprias identidades de fé e providenciar a esperança de uma sociedade que comporte a natureza e os valores de sua própria divindade. Como justificativa, Sarna esclarece que:

> Se dedicamos tanto espaço a uma discussão sobre o papel de *Enuma Elish* na civilização babilônica, é apenas por causa da importância do assunto para a compreensão adequada do relato bíblico de Gênesis e do significado perene de sua mensagem. Deve ser lembrado que as cosmogonias mesopotâmicas e hebraicas, cada uma à sua maneira, expressam através de seu simbolismo as visões de mundo e valores que animavam a civilização de cada uma. (SARNA, 1966, p. 8).

Quanto ao conteúdo do *Enuma Elish*, a primeira Tábua[12] do épico babilônico, desde o início, já demonstra sua semelhança com o texto de Gênesis:

> Quando no alto do céu não havia sido nomeado e a firme terra abaixo ainda não recebera um nome havia somente Apsu, o primeiro, aquele que tudo gerou e Mummu Tiamat, aquela que a tudo pariu. Não havia juncos trançados, nem lodaçais, pois nenhum dos

12 Traduções de Sueli Maria de Regino, doutora em letras e linguística pela Universidade Federal de Goiás, em sua obra *Enuma Elish: O poema mesopotâmico da Criação*, publicado em 2019, que apresenta apenas a tradução do texto e não interpretação deste, à semelhança do uso da Bíblia na versão já especificada. Por isso, as citações frequentes não estarão acompanhadas de referência, uma vez que pertencem à obra aqui especificada. A obra publicada na versão digital da plataforma da Amazon, conhecida como versão Kindle, não possui paginação e está dividida em introduções à história seguida da divisão das sete tábuas sequencialmente traduzidas. Por este motivo, não haverá especificação da página, mas sim a qual tábua o texto extraído pertence.

> deuses havia sido gerado e nenhum deles tinha nome ou destino a cumprir. (Tábua 1).

Em Gn 1,1-2, o ambiente original, semelhantemente, era sem forma: "No princípio, Deus criou o céu e a terra. A terra estava sem forma e vazia; as trevas cobriam o abismo e um vento impetuoso soprava sobre as águas". Apesar da aparente aproximação entre a ideia de um Deus ou deuses que irão dar formas e contornos a um mundo ainda vazio e inabitado, os mitos passaram a ter descrições totalmente diferentes, porém com a permanência da presença dos mesmos elementos. É a partir desse ponto que Gênesis se estabelece como contramito e contraposição. Na continuação da Tabua 1, a narração traz que:

> Então, no seio dessas águas, dois deuses se criaram: Lahmu e Lahamu, assim eles foram chamados. Depois de crescerem em idade e estatura, os deuses geraram Anshar e Kishar, que estenderam seus corpos para separar o que no alto se erguia, daquilo que havia embaixo. Longos dias se passaram até que nasceu Anu, feito à imagem de seu pai. Anu, primogênito e herdeiro de Anshar, gerou Nudimmund-Ea, que de seus pais recebeu grande força e o dom de dominar toda a sabedoria. Ea era ainda mais forte que seu avô Anshar, deus sem rival entre os deuses, seus irmãos. Os jovens deuses, porém, a todos incomodavam com gritos e tumultos que agitavam, inquietavam, e faziam tremer as profundezas de Tiamat (mar). Apsu insistia para que os filhos silenciassem, mas não conseguia fazer com que os ouvissem. Enquanto isso, Tiamat permanecia angustiada. Como os filhos seguiam cada vez mais arrogantes, Apsu, o criador dos grandes deuses, chamou Mummu, seu conselheiro. (...) Apsu se adiantou e disse

> à resplandecente Tiamat: "O comportamento deles é realmente insuportável. De dia não tenho repouso e à noite não posso dormir. Meu desejo é destruí-los e acabar com tudo isso. Só assim teremos de volta nossa tranquilidade e poderemos, enfim, voltar a dormir em paz".
> Ao ouvir essas palavras, Tiamat ficou aflita, sentiu uma grande angústia dominar seu coração. Ela se lamentou, lançou maldições e disse a Apsu: "Nós não poderemos destruir os filhos que geramos, mesmo que seu comportamento nos perturbe. Vamos esperar que se acalmem e nos deixem em paz". Então, Mummu ofereceu a Apsu seus conselhos, e suas palavras foram hostis aos deuses: "Pai, destrói todos eles numa grande investida, pois só assim teremos paz durante o dia e à noite poderemos dormir". Ao ouvir essas palavras, Apsu ficou radiante, pois desejava lançar o mal contra os deuses, seus filhos. (...) Mas tudo o que tramavam foi descoberto pelos deuses. (...) Então, ela fez um feitiço e o lançou contra Apsu. Suas poderosas palavras chegaram até as profundezas e espalharam-se sobre Apsu, que ao ser tocado pela magia, inclinou-se vencido pelo sono e assim permaneceu. (...) Ao encantar Apsu, Nudimmud-Ea o matou. (...) Após subjugar os inimigos, esmagando-os sob os pés, Ea adormeceu na paz de seu leito sagrado e descansou. (Tábua 1).

Diferente da narrativa hebraica, em que cada elemento é criado pela palavra de forma organizada, o épico babilônico se reproduz pela união e divisão de outros elementos que, no entanto, são também seres divinos. Para maior clareza, segundo a citação acima, "Anshar e Kishar, filhos de Lahmu e Lahamu, representam a linha do horizonte que divide o céu (An) e a Terra

(Ki), ou ainda, os pólos celestes" (REGINO, 2019, s/p), sendo geradores do deus Anu, cujo nome significa céu. Na religião suméria, *Anu* era também filho de *Nammu*, deusa mãe das águas primordiais, e esposou *Ki,* deusa da terra, com quem gerou *Enlil*, o poderoso senhor dos ventos. Ainda, na tradição que emprega a língua original, a acadiana, também era o deus do céu, o firmamento vazio, formado a partir da existência da linha do horizonte, ou seja, dos deuses que o geraram: *Anshar* e *Kishar*. Todos os elementos da natureza, todos aqueles que não são da espécie humana, possuem, portanto, seu traço e sua linhagem divina, o que inspira na crença babilônica tanto a adoração quanto o medo.

Sobre a sequência de ambas as narrativas, Arens (2011, p. 29-30) afirma que:

> Em tudo isso, a ideia do início de tudo desempenha um papel importante. Os hebreus, ao contrário de seus vizinhos, explicavam-na como uma "criação", mais especificamente, como resultado de ações diretas e exclusivas de Deus, não como resultado de relações sexuais entre divindades ou lutas contra o caos - do qual Gn 1,1 permanece como uma sobra: o *tohu wabohu* inicial (caos). A origem é o produto das mãos de um artesão, um Deus faber, ou o poder de sua palavra. Tudo é criado pela palavra de Deus: "Quando Deus começou a criar o céu e a terra... Deus falou: Haja luz!" Deus fala antes de agir, e ele faz o que diz. Is 55,10s nos lembra: "a minha palavra não volta para mim vazia...". A sua é uma palavra criativa e vivificante, não é um simples discurso. Essa conversa de Deus não é uma comunicação: não há destinatário; não é um anúncio: é uma ordem (forma jussiva).

A sequência da epopeia irá relatar a criação do Deus *Marduk* (sol), filho do Deus *Ea* (sabedoria). O jovem Deus nasce na casa de *Apsu*, que havia sido morto por *Ea*, e é considerado o mais forte de todos os outros deuses, com maior estatura, e em perfeição. *Marduk* é relatado na primeira Tábua como aquele que tudo vê, tudo ouve e tudo alcança com suas línguas de fogo. Diante de sua grandeza, *Marduk* então aparece recebendo o encargo de comandar.

Em contrapartida, o texto hebraico da criação não irá conferir a nenhum elemento ou nenhum ser individualmente a responsabilidade e o poder de comando sobre os seus pares. Ou seja, o ser humano recebe a responsabilidade de dominar e cuidar da terra, mas não a de dominar sobre outros humanos, tampouco deixa pensar que algum ser humano deve disputar a posição de domínio superior ao de seus pares no trato da criação. Esse modelo de governo, em que os seres humanos se dividem em classes, sendo umas superiores às outras, ou uma sendo a representação do divino e de sua benção, não está presente no mito hebraico.

A epopeia continua contando que as criações de *Marduk* irão incomodar *Tiamat* e outros deuses, os quais convencerão *Tiamat* a travar uma luta para derrotar *Marduk*. A deusa aceita entrar em combate e para isso cria um exército, dando à luz a uma série de deuses maus: dragões marítimos, grandes leões, cães furiosos, homens-escorpiões, demônios, tempestades, dragões voadores e outros. O texto composto pela primeira Tábua acaba nesse ponto da história, que se seguirá na Tábua 2.

Na Tábua 2, encontramos *Tiamat* (mar) pronta para vingar a morte de *Apsu* (águas doces), mas seus planos são revelados a *Ea* (sabedoria), que logo convoca os demais deuses para relatar sobre os planos de *Tiamat* e descrever os onze monstros demoníacos que ela havia criado para a guerra. Em seu relato, *Ea* diz aos demais deuses criados:

> Tiamat colocou as Tábuas do Destino sobre o peito de Kingu. "A palavra saída de tua boca será obedecida e o teu comando jamais será contestado." Kingu recebeu o poder que antes pertencera a Anu e assim foi decretado o destino dos deuses. "O hálito de tua boca, como poderosa arma, extinguirá o fogo e mostrará o teu poder na batalha! Meu filho, tu que dominas a sabedoria das palavras, aplaca Tiamat com a força da magia sagrada. Deves partir agora, na tempestade, que é o teu carro. No confronto com Tiamat, os ventos estarão ao teu lado e teu sangue não há de ser derramado. Tu voltarás." (...) "Será de Marduk o poder supremo sobre todos os deuses. Meus decretos jamais serão alterados ou anulados e minhas palavras permanecerão até o final dos tempos!" (Tábua 2).

Na terceira Tábua, que também contém uma descrição do exército de *Tiamat*, a Deusa lança sobre um de seus filhos, *Kingu* (pele de serpente), que irá liderar o exército, as seguintes palavras:

> Tiamat colocou as Tábuas do Destino sobre o peito de Kingu. "A palavra saída de tua boca será obedecida e o teu comando jamais será contestado." Kingu recebeu o poder que antes pertencera a Anu e assim foi decretado o destino dos deuses. "O hálito de tua boca, como poderosa arma, extinguirá o fogo e mostrará o teu poder na batalha!" (Tábua 2).

O desfecho, porém, é favorável a *Marduk*. Ele vencerá a batalha e se tornará o maior deus de toda a Babilônia. Na terceira Tábua, a narração seguirá demonstrando os efeitos dessa vitória. A partir disso, as influências para a teologia da criação israelita se tornam mais evidentes.

> Os deuses ergueram um trono para Marduk, que presidiu a assembleia diante dos ancestrais. "Marduk é o mais honrado dentre os deuses e suas leis são mais justas, porque vieram de Anu. A honra de Marduk é maior do que a de todos os deuses, pois sua palavra é eterna e mais justas são as suas leis! Suas mãos guardam o poder de elevar à glória ou humilhar. Que seu comando jamais seja contestado e nenhum deus ouse transgredir os seus limites! Entre os mais belos santuários destinados aos deuses, o mais sagrado pertence a Marduk, nosso vingador. Soberano seja o seu domínio sobre todo o universo. Quando Marduk se sentar na Assembleia dos Deuses, suas palavras serão supremas, pois suas armas não falharão e ele saberá esmagar todos os nossos inimigos. Oh, Senhor, protege aqueles que confiam em tua força, mas não poupe a vida daqueles que seguem o mal." (...) "Oh, Senhor, ser supremo entre os deuses, tuas palavras têm poder para criar ou destruir. Com os sons de tua boca, faz desaparecerem essas vestes, e que elas voltem a aparecer quando falares novamente. A uma palavra de Marduk as vestes desapareceram e quando falou outra vez, elas voltaram a aparecer. A força de suas palavras fez os deuses se alegrarem e então, eles o abençoaram e bradaram: "Marduk é rei!" (Tábua 4).

Marduk torna-se, portanto, o deus poderoso, justo e eterno. Ele salva os demais deuses, passa a governar com leis e, por meio de suas palavras, pode fazer existir ou deixar de existir. É nítida a semelhança com os temas abordados pelo povo no exílio: a justiça, a proteção, o poder da fala, da presença, e assim por diante. Nos Salmos da produção exílica, os exilados se dirigem a

Javé com esses mesmos pedidos, atribuindo-lhe essas qualidades e reconhecendo-o como fonte de salvação e poder.

Além disso, após sua vitória, *Marduk* passa a organizar a função e a morada de cada um dos deuses que estiveram com ele em batalha. Ele utiliza dos destroços de *Tiamat*, a quem venceu, para criar cada elemento do cosmo. Sobre a divindade *Sin* (lua), *Marduk* dá o poder de determinar os dias, que acontece à semelhança das simbologias do sete, quatorze e das festas de troca de lua:

> "A cada mês, quando surgires e te ergueres sobre a terra, por seis dias crescerão teus chifres luminosos, até que, no sétimo dia, apareça a metade de tua coroa. Ela voltará a brilhar inteira no décimo quinto dia e nesse ponto dividirás os meses em duas metades. (Tábua 5).

Entretanto, em nenhum momento há descanso e contemplação. Cada Deus, cada elemento criado pelos pedaços do corpo morto da Deusa *Tiamat*, têm um trabalho árduo pela frente. *Marduk* passa a ser reconhecido como *Lugaldimmerankia*, que significa "senhor dos céus e da terra". Seu senhorio, no entanto, era semelhante ao senhor que dá ordens a todo tempo e que deseja colher os frutos de suas ordenanças para si. Como traz a quinta Tábua, *Marduk* diz:

> "Criarei escravos que nos prestarão serviços, dia após dia, e o poder de minha vontade há de assegurar vossa posição." Então os deuses se inclinaram para o adorar e o aclamaram com o título de Lugaldimmerankia: "Antes, Marduk era apenas um filho bem-amado, agora, porém, ele é nosso rei e proclama sua realeza! Invocaremos o nome daquele que nos deu a vida, o senhor do esplendor, da clava e do cetro. Ea, hábil em todas

as artes, será o arquiteto de Babilônia. Ele desenhará a planta e seus construtores seremos nós!" (Tábua 5).

A ideia de um projeto para a Babilônia faz com que *Marduk*, para livrar os deuses, quisesse criar uma raça inferior, a dos humanos. Os humanos seriam os criados, para que assim os deuses pudessem descansar e festejar. Na sexta Tábua, desempenha-se o projeto da criação dos humanos por meio da morte de algum deus traidor. O sangue do deus traidor deu origem à humanidade, àqueles que iriam trabalhar para desenvolver o glorioso projeto de *Marduk*. Seu projeto foi louvado pelos deuses e sua mãe, *Anshar*, concede-lhe o título de *Asarluhi*, que significa "aquele que domina o destino pelo poder das palavras". Além desse título, o jovem Deus era aclamado por mais de cinquenta nomes e reconhecido por seus feitos, como estes que estão referenciados na sexta e sétima Tábuas:

> Filho do Sol, o mais radiante dos deuses, esse é seu nome. Sob o brilho de sua luz, todos poderão caminhar para sempre. Quanto ao povo que ele criou, aqueles aos quais deu a vida, esses trabalharão para aliviar os deuses de suas tarefas. Criação e destruição, distribuição de graças e punições, todo poder virá de Marduk e seu nome será glorificado. É aquele que produz riquezas e propicia a abundância, o deus que transforma pobreza em prosperidade e nos momentos difíceis oferece o conforto de seu alento. Que em sua glória ergam-se cânticos para exaltá-lo. Conhece o coração dos deuses e sonda o homem em suas profundezas. De seu olhar não escapam os que fazem o mal. Foi ele que reuniu a assembleia dos deuses alegrando seu coração ao fazer os rebeldes se curvarem. Ele assegura a justiça e escla-

> rece palavras ambíguas, pois onde estiver, o certo e o errado são discernidos. (Tabua 6).

A partir da imagem que se forma de soberano deus babilônico, é possível concluir que os babilônios prestavam culto a um deus que criou os humanos a partir da morte, violência e dilaceração de outro corpo, com o objetivo de os oprimir, explorar e objetificar. A ideia de justiça, no épico, aplica-se à casta, à elite, aos entronados e aos representantes das divindades. Há uma nítida cultura de segregação e disputa por poder. O final da sétima Tábua diz:

> O que partir de sua boca, nenhum deus poderá mudar. Inalteráveis serão suas palavras e eterna a sua vontade. Que nenhum deus enfrente ou despreze sua fúria, pois insondável é seu coração e imparcial a sua justiça para malfeitores e sacrílegos, que tremem em sua presença. O que se falava antes dele, foi fixado por um escriba e revelado nessas palavras que ouvimos agora, preservadas por Marduk para os tempos vindouros. (Tábua 7).

São diversas as oposições que se encontram no texto de Gênesis 1,1–2,4a, desde a criação das divindades como meros elementos facilmente controlados por Deus, até a ideia de que todos eles são bons, não maus. Faria (2015) comenta que a divindade criadora de Gênesis é a luz que ilumina o que foi criado, e não o Sol, enquanto um astro ou um deus. Além disso, os astros não têm função de domínio, eles são servidores, devem viver em harmonia com todas as outras criaturas. Podemos, ainda, afirmar que eles serão rebaixados à servos dos humanos, possuidores da imagem e da semelhança divina. Nesse ponto, também, o mito hebreu acaba com qualquer distinção entre as raças e os gêneros. Nenhum humano serve para a escravidão, nenhum humano serve para a exploração e o enriquecimento do outro. Além disso, não servem para serem dominados pelos elementos da fauna e da flora, do cosmo como um todo, mas para dominar sobre eles.

Essa ideia é diametralmente oposta a qualquer ideia de domínio por parte de deuses ou semideuses, ou seja, humanos com raça superior, ou que tentam deter uma titulação de empoderamento sobre o outro. Faria (2015) explica que o sol, assim como os outros elementos da natureza, recebe um tratamento especial nos Salmos, sendo isso uma herança da relação que o povo tinha com Deus por meio da natureza. A natureza, por sua vez, era vista constantemente como uma ameaça, e a falta de domínio dela pelo ser humano gerava angústia existencial. Era preciso proteger-se dela. Para isso, viviam seguindo seus ciclos, ora divinizando-a, ora cultuando-a, a fim de tentar manter a ordem na vida. A narrativa da criação, portanto, é uma oposição a esse tipo de relacionamento. Nela, Deus é capaz de controlar todos os elementos da natureza e manter a vida humana a salvo e em ordem. Deus é capaz de, a partir das trevas, da escuridão, do caos, da agitação das águas, criar um ambiente próprio para a existência humana.

1.6 Apontamento à teologia subversiva proposta em gn 1-2,4a

Tendo em mente as considerações feitas sobre o *Enuma Elish* no tópico anterior e seus pontos de maior contribuição para a formação do contramito hebreu, neste tópico pretende-se olhar para o texto de Gn 1-2,4a com objetivo de propor possíveis aspectos teológicos que podem ser extraídos do texto.

O primeiro verso do livro de Gênesis já nos apresenta uma escolha significativa: a utilização de "Elohim" e não "Javé" para se referir à divindade criadora. Embora os israelitas já tivessem feito sua opção pela adoração a Javé até este ponto da história, a fonte autora do texto opta por usar *Elohim* para designar Deus. Römer (2019) entende essa escolha como um modelo legitimador, na intenção de apresentar um Deus que é eterno, o qual existe desde o princípio, esteve com os antepassados do povo e estará com seus sucessores. Em suas palavras:

> A veneração de uma divindade do tipo El, precedendo a de Yhwh, se reflete parcialmente na história patriarcal e, especialmente, na de Jacó que, lutando com Deus e mudando de nome, se torna Israel. O nome de El aparece muito frequentemente nas narrativas patriarcais do Gênesis (...) A expressão "el, Deus de Israel" pode estar fundada numa tradição antiga. A maior parte das passagens do livro do Gênesis e de outros livros bíblicos que mencionam diferentes tipos de manifestações de El encontram-se sempre em textos recentes e pressupõem que os leitores compreendam El como equivalente a Deus, e mesmo a Yhwh. (RÖMER, 2019, p. 81-82).

O segundo verso do mito hebreu repetirá o estado da terra como caótica, vazia, sem forma, assim como na mitologia babilônica. Para dar forma ao cosmo tornando-o harmônico e não caótico, Deus faz existir a luz, e o faz por meio da palavra "haja". Na cultura babilônica o único com poder de palavra para fazer existir ou deixar de existir é *Marduk*. A partir desse momento, percebemos o conflito dos mitos e a ressignificação teológica. *Marduk*, o sol, não fala, não cria, mas *Elohim* o faz e, assim, as palavras de *Marduk* perdem importância. Se *Elohim* é o deus e detentor da palavra criadora, não há outro que possa determinar a vida do povo a não ser o único deus. As determinações feitas pelas palavras de *Marduk* não só perdem a importância como também são descredibilizadas. Assim, enquanto a voz de *Marduk* ordena a criação e escravização de seres humanos e o castigo de outros Deuses, a criação em Gênesis encontra uma expressiva repetição da palavra de *Elohim* sobre a obra criada: ela é boa. Arens (2011, p. 29-30), nesse sentido, afirma que:

> Em tudo isso, a ideia do início de tudo desempenha um papel importante. Os hebreus, ao contrário de seus vizinhos, explicavam-na como uma "criação", mais especificamente, como resultado de ações diretas e exclusivas de Deus, não como resultado de relações sexuais entre divindades ou lutas contra o caos - do qual Gn 1,1 permanece como uma sobra: o *tohu wabohu* inicial (caos). A origem é o produto das mãos de um artesão, um Deus faber, ou o poder de sua palavra. Tudo é criado pela palavra de Deus: "Quando Deus começou a criar o céu e a terra... Deus falou: Haja luz!" Deus fala antes de agir, e ele faz o que diz. Is 55,10s nos lembra: "a minha palavra não volta para mim vazia...". A sua é uma palavra criativa e vivificante, não é um simples discurso. Essa conversa de Deus não é uma comunicação: não há destinatário; não é um anúncio: é uma ordem (forma jussiva).

Assim, há uma contraposição às necessidades de guerras, usurpações, mortes, destruições para que a justiça, a paz, a bondade e a ordem se estabelecessem. Além disso, não há necessidade de encontrar algo ruim, que pudesse ser morto para dar origem a uma nova coisa. Tampouco algo foi criado para ser a parte oprimida e sofrida. Cada elemento é bom, e todos juntos são muito bons. A teologia que se impõe pelo texto de Gênesis 1 é necessariamente uma teologia de gratuidade. O criador, gratuitamente, sem sacrifícios e guerras, por sua palavra dá vida ao mundo. O texto de Gênesis demonstra uma inclusão espantosa aos símbolos da mitologia babilônica, pois em seu contramito não os desqualifica, tampouco os assassina. Ao invés disso, os ressignifica a partir de um ponto de vista diferente, o da soberania de Deus em criar por si próprio todas as coisas. Sarna, destaca que:

> (...) a verdade básica de toda a história é que o mundo está sob a soberania indivisa e inevitável de Deus. Em resumo, ao contrário de *Enuma Elish* na Babilônia, a narrativa da Criação de Gênesis é principalmente o registro do evento que inaugurou esse processo histórico e que garante que haja um propósito divino por trás da criação que se resolve na cena humana. (SARNA, 1966, p. 9).

Além disso, é a partir dele que toda a violência do Império Babilônico se justifica e se legitima. *Marduk* é o criador dos seres humanos e aquele que os fez para serem explorados e oprimidos. Portanto, colocar Javé acima de *Marduk* é uma forma de anular e repudiar a religião babilônica com tudo o que ela propõe. Reafirmando e legitimando que a fé em Javé propõe outro quadro estrutural.

Os primeiros versos da Bíblia Hebraica esboçam, portanto, as condições do universo antes da intervenção criadora de Deus como um lugar incapaz de produzir, sustentar e desenvolver qualquer organismo que seja. O narrador descreve um quadro em que a vida é impossível por causa das condições da terra e da presença de trevas, abismo e vento impetuoso.

Com as três cláusulas do segundo verso, o narrador procura descrever o oposto da criação harmônica ou o que existiria antes dela. Nas palavras de Westermann:

> A expressão hebraica *tohu wavohu* indica um status desértico, análogo ao grego *chaos*; sua escuridão é estranha, algo como o que os animais experimentam durante um eclipse solar; e "um vento violento" encontrado em muitas cosmologias do mundo antigo, que intensifica a sensação de caos. Mas, ao final do relato, a cena é outra: "nenhuma forma de violência ou sofrimento está presente no mundo. Não há espaço para o mal no mundo ideado por Deus, servindo-nos como um modelo próprio a ser seguido em qualquer tempo da existência humana". (WESTERMANN, 2004, p. 8).

Importante destacar que o texto não demonstra uma pretensão, por parte do autor, de descrever a forma como cada elemento da criação de fato veio a existir. O que se percebe é um desejo de descrever a seus ouvintes um mundo organizado por Deus, que ainda está sob seu governo e que pode ser organizado, conforme o ritmo projetado. A palavra que dá origem, que cria, que sustenta e organiza, é a palavra do Deus de seus antepassados e de nenhum outro. Qualquer elemento elevado à posição de divino, era, na verdade, apenas um elemento que nasce pelas palavras de Javé.

Considerando o contexto caótico em que os exilados se encontravam, resgatar a imagem de Deus como aquele que detém o controle era indispensável. Moberly (2009, p. 49) comenta que:

> A queda de Jerusalém foi um desses momentos, tanto para as pessoas deportadas para a Babilônia quanto para as pessoas deixadas para trás em Judá. Quando a história da criação retrata Deus definitivamente trazendo ordem de peças não relacionadas, isso particularmente encoraja pessoas cujo mundo da vida desmoronou da maneira que tinha para Judá no século VI. O

> projeto de Deus desde o início envolveu trazer ordem, e promete que a desintegração não terá a palavra final.

Nesse sentido, Moberly defende que a narrativa de Gn 1,1–2,4a não diz respeito ao banimento do mal ou do caos, mas sim ao seu controle. Ou seja, os elementos endeusados e vistos pelos babilônios como maus não deixariam de existir, mas seriam controlados pelo criador de todas as coisas.

Ao descrever uma nova estrutura como é a da criação, Deus age como um sacerdote, para fazer distinções e atribuir a cada coisa sua categoria adequada, avaliando sua aptidão, santificando cada elemento e colocando-os em seus devidos lugares. O resultado, que é a ordem criativa do mundo, torna-se algo que a humanidade pode não apenas testemunhar, celebrar e submeter, mas algo em que também pode participar. Entre as muitas mensagens deste texto, a de destaque na visão de Moberly (2009, p. 50) é a de culto, pois é "através do culto que estamos habilitados a lidar com o mal, pois é o culto que constrói e mantém a ordem, transforma o caos em criação, enobrece a humanidade", cumprindo assim o plano original de Deus para sua criação. É através da organização, do respeito às diretrizes, que cada um cumpre a sua função e se envolve integralmente com o funcionamento do cosmos. Desse modo, o bom do mundo surge.

Depois que a luz e as trevas são separadas, a criação bíblica segue organizando as águas e separando-as pelo firmamento. Os versos 6 a 12, que representam o segundo e o terceiro dia da criação, irão trazer uma analogia àqueles que são os Deuses geradores de tudo, *Apsu* e *Tiamat*, rio e mar, que deram origem a todo o panteão e que deram palco ao início das grandes batalhas entre os deuses. Para Smith (1955, p. 108) a criação das águas é extremamente significativa para dizer que Deus tem o controle sobre o mal. A água representada, principalmente, pelo mar (*Tiamat*) é detentora dos piores símbolos, como dragões, serpentes marinhas, demônios marinhos, e são responsáveis por muita desgraça. Smith (1955, p. 108) afirma que:

> Na situação do século VI a.C. de Gênesis 1, as águas teriam evocado os eventos terríveis, traumáticos e violentos daquele século para Israel. Em algumas passagens as águas incorporam as ameaças temíveis à existência humana. Tradicionalmente, as águas cósmicas incluem as águas do submundo que ameaçam afogar e matar seres humanos (Jonas 3:3-9). As águas podem ser destrutivas para a vida humana e, em suas maiores manifestações naturais como oceanos furiosos, elas são indisciplinadas. Eles não são controláveis pelos seres humanos, mesmo que sejam contidos por Deus (Jó 7:12, 38:8-11; Salmo 104:9; Provérbios 8:29). A vida no século VI, Israel, de fato, parecia estar precariamente à deriva em meio a impérios mundiais invasivos e destrutivos e poderia facilmente ter sido vista como semelhante aos tempos primordiais em que as águas cósmicas e suas ameaçadoras bestas cósmicas poderiam governar. O Salmo 74 compara a terrível situação do século VI com as águas, com suas ameaçadoras bestas cósmicas. Os monstros marinhos especificamente mencionados em Gênesis 1:21 também são conhecidos como inimigos cósmicos neste salmo (74:13). O Salmo 74 parece equiparar águas cósmicas aos inimigos cósmicos e às manifestações imperiais do mal no mundo.

Como subversão à ideia de perigo das águas primordiais, em Gênesis 1,6-9 as águas simplesmente estão presentes. Não há nenhuma indicação de que sejam más, tampouco de que oferecem resistência a Deus. Antes, elas se apresentam como um oceano calmo, passivo e necessário para subsistência da flora e da fauna[13]. As águas não têm vontade própria no texto e nada se cria a partir delas. Da mesma forma, os monstros marinhos são ditos em Gênesis 1,21 como bons aos olhos de Deus, ou seja, as águas tornam-se lar de criaturas boas, também criadas e governadas por Deus. Assim, podem evocar não apenas sua potencial ameaça de destruição, mas sua capacidade positiva de vida dentro da criação. Aquilo que era temido e descontrolado na crença babilônica, torna-se bênção e parte da organização na crença israelita:

> Gênesis 1 oferece uma visão positiva e esperançosa da capacidade de bem-estar de Deus em meio a um mundo incerto e perigoso. O papel das águas em Gênesis aponta para o poder de Deus para gerar um mundo que apoie a prosperidade e a bênção. Gênesis 1 apresenta um mundo que muitas vezes voa em face da experiência humana, com uma divindade que é todo-poderosa produzindo um mundo que é muito bom (cf. versículo 31). (SMITH, 1955, p. 110).

Após a criação das águas, que permitem um solo fértil e próprio para a subsistência na terra (versos 9-13), o texto relata a criação do sol, da lua e dos seres que habitam os céus e as águas (versos 14-25). Como já mencionado, esse é o momento em que os seres divinos da Babilônia são organizados conforme sua espécie e função e, acima de tudo, são bem quistos por Deus. Criaturas que serviam para prática do mal, da ira, da destruição humana e que jamais poderiam ser incomodadas pelos humanos sob pena de eventos catastróficos, são agora

13 Ver Salmos 104,10-11;25-26.

parte de uma harmônica engrenagem cósmica que funciona sob a ordem de Javé.

Nesse sentido, a teologia expressa em Gênesis se torna claramente inclusiva. Nenhuma divindade pagã, nenhum elemento de culto estrangeiro, é colocado à margem. Não há expressão alguma que os coloque contra Deus ou que os considere perigosos diante de Deus. Todos eles contêm a palavra divina como origem. Não há necessidade de negar qualquer elemento, nem o amaldiçoar, apenas de colocá-lo em seu devido lugar para exercer sua devida função, sob controle do criador, que a todas as coisas coordena. O mal, aqui, aparece não como natureza, mas como disfunção do elemento. E, no momento em que os elementos se tornam funcionais e passam a desempenhar seus papéis coordenados, o cosmo está pronto para receber o ser humano.

Nos versos 26-28, a obra criadora de Deus põe fim ao engano de que o sofrimento humano é normal. Em Gênesis 1, o ser humano é criado pela palavra divina, e não pelo sangue da morte de outro ser. Além disso, é criado à imagem do próprio Deus e à sua semelhança, e não como escravizado, objeto de exploração. Mais do que isso, conforme os versos 29-30, são os seres humanos que irão governar sobre todos os outros elementos, e não o inverso. Não são as representações das divindades pagãs quem governam sobre as águas, sobre os animais e sobre a terra, mas o ser humano. Não é *Marduk* quem possui o domínio, são os seres humanos.

Também se destaca a igualdade entre os sexos. Os humanos, tanto homens quanto mulheres, são feitos da mesma forma, na mesma ação criadora, com a mesma imagem e semelhança de um único Deus. E, em virtude de terem sido criados em semelhança ao criador, que deu ordem ao caos, que dignificou cada elemento restituindo-os em seus lugares e funções, os humanos carregam uma responsabilidade: a de manter o ambiente digno da vivência humana. Westermann (2004, p. 11) argumenta que a título de responsabilidade humana, aplica-se obrigatoriamente a responsabilidade pela dignidade e que ambos os conceitos são inseparáveis. A humanidade exerce soberania sobre o resto da criação.

Como se vê, na contramão da mitologia do Antigo Oriente, não há sugestão de exploração; pelo contrário, os que dominam são pessoalmente responsáveis pelo bem-estar e prosperidade daquilo que governam. Em semelhança às situações de reinado, comuns naquele tempo, seu governo serve ao bem-estar de seus súditos. Isso é o que se entende aqui por governo da humanidade, em contraste com outras histórias da criação, onde a humanidade foi criada para suportar o jugo pesado dos deuses, assumindo seus trabalhos, e os alimentando através de cultos. Smith comenta que:

> (...) o mundo em Gênesis 1 - mesmo que contradiga a experiência humana, é oferecido pelo escritor sacerdotal como uma resposta fiel à sua percepção da bondade de Deus; é apresentada como algo que deve ser tomado pela fé. Como os versos de Gênesis 1 lembram repetidamente seus leitores, a criação vem do discurso de Deus; é o produto de palavras divinas. Este mundo "muito bom" é um mundo de profunda esperança. (SMITH, 1955, p. 110).

O verso 31 conclui o primeiro capítulo: "E Deus viu tudo o que havia feito, e tudo era muito bom. Houve uma tarde e uma manhã: sexto dia". Como se vê, cada elemento criado na narrativa é considerado bom, mas a força da expressão se sobrepõe ao conjunto dos elementos criados e integrados, considerados como muito bons aos olhos do criador. A teologia proposta, de esperança, vida e confiança em Deus, revela também uma teologia de superação, na qual o bom de Deus se aplica às diversas estruturas e contextos em superação às estruturas injustas e caóticas formadas pelos impérios.

Certamente, o autor bíblico não pretende omitir o mal da criação, mas sim enfatizar o bem. Gênesis 1 responde também a outras obras bíblicas e às teologias que certamente se reproduziam entre a elite antes mesmo do exílio e as que após ele continuaram se reproduzindo entre os aliados dos impérios. Textos que enfatizam o mal da experiência ou criação humana (como Jó 3), são exemplos de textos que nascem na periferia, como teologia de resistência. Gênesis 1 não nega o mal, pelo menos não de forma explícita. Ele parece ignorá-lo, ao mesmo tempo em que exalta uma visão do bem. Talvez esse comportamento também tenha a função de dar uma resposta à experiência de trauma e mal de Israel durante o século VI AEC, motivo pelo qual o texto se eternizou. Podemos dizer que Gênesis 1 oferece uma visão decididamente esperançosa, talvez até mesmo extremamente otimista. De qualquer forma, é claramente um mundo de bem (SMITH, 1955).

Para Sarna (1966, p. 3), isso revela algo sobre a natureza de Deus, que é "o único Criador e soberano supremo do mundo e cuja vontade é absoluta." Segundo ele, "Deus está fora do reino da natureza, que é totalmente subserviente a Ele". "A história também nos conta algo da natureza do homem, uma criatura semelhante a Deus, exclusivamente dotada de dignidade, honra e valor infinito, em cujas mãos Deus confiou o domínio sobre Sua criação" (Ibid., p. 3). Finalmente, essa narrativa nos diz algo sobre o conceito bíblico de realidade, "proclama a bondade essencial da vida e assume uma ordem moral universal que governa a sociedade humana. Com certeza, essas afirmações não são declaradas em termos filosóficos modernos" (Ibid., p. 3).

Como conclusão de seu ato criador, temos:

> Assim foram concluídos o céu e a terra com todo o seu exército. No sétimo dia, Deus terminou todo o seu trabalho; e no sétimo dia, ele descansou de todo o seu trabalho. Deus então abençoou e santificou o sétimo dia, porque foi nesse dia que Deus descansou de todo o seu trabalho como criador. Essa é a história da criação do céu e da terra. (Gênesis 2,1-4a).

O desfecho final da obra, diferente do *Enuma Elish*, providencia ao ser humano o descanso, a benção, a santificação. É sabido que o sábado veio a desempenhar um papel central na teologia sacerdotal do pós-exílio, mais ainda enquanto elemento da criação, própria de Gênesis como um texto de resistência à exploração do exílio e ao governo persa. Assim, a busca será pelo sábado enquanto essência de contraposição, e não como regra futuramente interpretada e aplicada implacavelmente (Nm 15,32-36) por novas elites exploradoras do judaísmo oficial já estabelecido. Nesse sentido, na visão de Schwantes, o sábado como símbolo do número sete contém uma cronologia própria que serve como uma moldura que concentra o texto dentro de si. Em suas palavras:

> Todo conteúdo está como que "prensado" para dentro de um certo esquema. Obedece ao número sete. Há mais obras que dias. As obras da criação são dez. Para que coubessem no esquema dos sete dias, foram atribuídas duas obras a alguns dias. As obras foram, pois, efetivamente "prensadas" para dentro do número sete. Isso nos dá uma valiosa indicação para o significado e a origem de nossa poesia litúrgica. (SCHWANTES, 1989, p. 26).

O sábado, portanto, constitui uma tradição antiga para os israelitas, um sinal diferenciador dos exilados diante da cultura e das ordens de seus deportadores, funcionando como um protesto, uma reivindicação.

Schwantes (1989, p. 28) explica que os babilônicos não adotavam o ritmo de semanas. Seus dias eram marcados por eventos festivos derivados do ritmo da lua; quinzenalmente em poucas situações. Além disso, aos trabalhadores eram exigidas atividades contínuas, sem dias de festa e descanso, afinal, eles foram criados para isso. Os judaítas, por sua vez, tinham em sua memória a tradição do sábado, que precisou ser restaurada como meio de preservação da vida: o direito ao descanso. Na consciência sabática que se desenvolve no exílio, preservar o sábado significava preservar a participação no ser e no agir de Javé, enquanto ceder às pressões babilônicas significava entregar-se à idolatria e renegar a Javé.

Nas circunstâncias do exílio, o sábado é, antes de tudo, uma necessidade concreta. É efetivamente descanso para as mãos, para o corpo, para a alma. É o espaço em que algemados experimentam liberdade (Is 61,1). A escravidão destrói o corpo. Traz morte precoce. Deixa marcas no rosto, nas mãos, no corpo inteiro. É, pois, vital lutar por um espaço para que o corpo descanse. "Imagino que aqueles deportados 'às margens dos rios da Babilônia'" radiavam de satisfação e alegria, quando conseguiram impor sua exigência de descanso sabático diante de verdugos e de policiais" (SCHWANTES, 1989, p. 29).

Na afirmação de Westermann (2004, p. 12), é comum o Deus-criador descansar no final de sua obra, na qual não pode mais intervir, nas narrativas da criação de outros povos. "Já o redator de Gênesis 1,1–2,4a modifica este motivo, isto é, é por causa do descanso de Deus no sétimo dia que este dia é santo". A santidade do sétimo dia está relacionada com todo o trabalho agora concluído. Estabelece uma ordem para a humanidade que organiza o tempo em cotidiano e sagrado.

Sobre a importância do sábado em meio ao povo de Israel, Sarna (1966, p. 18) atesta que "não há dúvida de que o sábado pertence ao maior número de dias sagrados de Israel" e que sua origem está intimamente ligada à fé que se expressava no Antigo Oriente. Isso porque, em tempos muito antigos, um período de sete dias como o cálculo básico da unidade de tempo era comum entre os povos semíticos ocidentais. "No calendário lunar da Mesopotâmia, o sétimo, décimo quarto, vigésimo primeiro e vigésimo oitavo dias de certos meses, correspondentes às quatro fases da lua, foram todos considerados dias de azar". Esses dias foram pensados como sendo controlados por espíritos malignos, e, para acalmá-los, eram prescritos jejuns especiais.

Sendo parte da ordem cósmica, esse dia deve, como todas as outras coisas divinamente criadas, ser essencialmente bom e benéfico para o ser humano. Portanto, é um dia "abençoado", a própria antítese da noção mesopotâmica de dias maus. Finalmente, sua conexão com o drama da criação torna o dia universal em caráter. Essa combinação de bênção e universalidade logo se expressou na religião de Israel em termos sócio-morais, de modo que os privilégios do descanso do sábado foram estendidos igualmente a todos os membros da família, ao escravizado, ao estrangeiro e até ao gado no campo.

Pensando no conjunto todo da obra, Sacks (2014, p. 02) resume o propósito de Gênesis, especialmente o capítulo 1, da seguinte forma:

> A pergunta que Gênesis procura responder não é "Como o universo surgiu?" Mas "Como então devemos viver?" Esta é a mudança de paradigma mais significativa da Torá. O universo que Deus fez e nós habitamos não é sobre poder ou domínio, mas sobre *tov* e *ra*, bem

> e mal. Pela primeira vez, a religião foi ética. Deus se preocupa com justiça, compaixão, fidelidade, bondade amorosa, dignidade do indivíduo e santidade da vida.

Entendido assim, Gênesis 1,1–2,4a é um protesto político contra a própria base das sociedades hierárquicas, baseadas em classes ou castas, seja nos tempos antigos ou modernos. Isso é o que a torna a ideia mais incendiária da Torá. Em algum sentido fundamental, somos todos iguais em dignidade e valor final, pois estamos todos à imagem de Deus, independentemente da cor, cultura ou credo. Essa imagem e semelhança não é mais própria dos reis, faraós e alguns escolhidos. É de todos.

Um protesto que se estende inclusive entre grupos judeus. O texto de Gênesis, como já mencionado, acompanha outros textos que nascem da revolta dos oprimidos e de seus defensores contra seus opressores. Certamente os editores finais faziam parte do grupo de sacerdotes, profetas, escribas, que compreenderam a ética do mundo divino e não compactuavam com a religião imperialista que se formava e se fortalecia cada dia mais em Israel. Os autores e editores do texto estavam sendo ousados e, quiçá, revolucionários, em questionar o direito dos seres humanos de governar sobre outros humanos. As sociedades avançadas daquele tempo funcionavam assim, de forma hierárquica, e ninguém questionava esse modelo. "Essa não era a própria estrutura do universo? O sol não governou o dia? A lua não governou a noite? Não havia no próprio céu uma hierarquia dos deuses?" (SACKS, 2014, p. 03). Esses eram os modelos comuns, santos. O texto hebraico inverte a ordem, o comum e santo para a fonte sacerdotal que ali se produz é tornar todo o ordinário parte do divino.

O texto, como uma obra inteira, na visão de Loza (2005, p. 60) é de que a bondade não é uma qualidade adicional na criação. Tudo é bom, naturalmente, desde sua origem, porque cada coisa responde ao fim a que Deus se propôs ao criá-la. "Cada elemento, portanto, contribui para a harmonia do conjunto". Nesse mesmo sentido, Westermann (2004) afirma que à vista de Deus toda a criação é boa, apesar de tudo o que parece incompreensível, cruel e terrível para os seres humanos, pois tudo tem um motivo de ser e uma função social, tudo contribui para uma ética comum. E, porque é bom aos olhos de Deus, a alegria na criação de Deus é liberada sobre os seres humanos.

CAPÍTULO 2

E VIU DEUS QUE ERA BOM: COMPREENDO O TOV EM GÊNESIS 1,1–2,4A E SUA PRESENÇA NO ANTIGO TESTAMENTO

No capítulo anterior, foi apresentado o contexto de Gênesis 1 e seus aspectos mitológicos e teológicos iniciais, com o intuito de, a partir dessas informações, investigar o possível sentido e propósito da repetição do adjetivo *tov* como sentença divina após a criação de cada elemento. Ao aparecer sete vezes a expressão "bom" no texto de Gênesis 1, numa primeira impressão, é possível supor que a função do adjetivo possa ser uma validação ou aprovação do criador sobre o elemento que criou. Mas outros questionamentos se levantam sobre o termo, quais sejam: A repetição trata apenas de legitimação? A repetição do *tov* poderia indicar algo mais? Existe alguma ligação entre os elementos adjetivados e o significado do adjetivo no original hebraico?

Além disso, as narrativas de Gênesis 1 e 2 são consideradas por diversas correntes teológicas como uma descrição de mundo ideal (WESTERMANN, 2004). Ou seja, o texto é uma indicação do que pode ser um modelo de sociedade e desenvolvimento humano bem-sucedidos, que espelha a perfeição de seu criador. Se assim for, é possível considerar que tratar a repetição do *tov* como mera validação de um elemento ou como um mero elogio à beleza do que foi criado seja um descuido na compreensão de uma proposta de sociedade e vida ideal. É curioso notar que os comentários ao texto de Gênesis 1,1–2,4a não apresentam preocupação com a presença insistente do *tov*, limitando-se a pequenas frases sobre sua aparição no sentido estético, de beleza, e de aprovação da parte de Deus como oposição ao que desaprova.

Por exemplo, Nahum Mattathias Sarna, biblista inglês e um dos mais renomados estudiosos de Gênesis e Êxodo, não faz qualquer referência ao significado de *tov* em sua obra, limitando-se a reproduzir que a criação é muito boa, sem qualquer complemento à expressão. Mark G Brett (2005), estudioso do Antigo Testamento e da língua hebraica, dedicado principalmente a Gênesis, também não faz menção ao termo, presente apenas na simples citação do texto. Da mesma forma, Thomas L. Brodie (2001), que se propõe a fazer um diálogo de Gênesis com a literatura, a história e a teologia, não traz qualquer reflexão ou percepção literária sobre a repetição do termo. O mesmo acontece com Robert Alter, em seu comentário a Gênesis de 1996.

Von Rad (1982) dedica pouquíssimas palavras ao termo. Em seu comentário ao livro de Gênesis, se refere a *tov* em apenas três linhas, afirmando que mais do que um juízo estético, seria "uma indicação de que a criatura é conforme a sua finalidade, ajustada a ela" (1982, p. 67). Além disso, acrescenta que *tov* pode ser também traduzido como perfeito, em referência à maravilhosa harmonia entre o cosmo e a criatura.

Westermann (2004) dará atenção ao termo apenas a partir do verso 31 do capítulo 1, e de maneira sucinta. Em apenas um parágrafo, o autor trata o termo como referência à bondade e ao belo:

> Finalmente (Gen. 1:31), a fórmula de aprovação resume todo o trabalho de criação: "E ele viu que era muito bom". À vista de Deus, toda a criação é boa, apesar de tudo o que parece incompreensível, cruel e terrível para os seres humanos. A bondade da criação é baseada apenas na autoridade de Deus; para o que

> é bom, como é, só Deus sabe. Mas porque é bom aos olhos de Deus, a alegria na criação de Deus (como é expressa no louvor da criação nos Salmos) é libertada nos seres humanos. Além disso, essa "bondade" também compreende a beleza. (a palavra hebraica pode significar tanto "bom" quanto "bonito"); a alegria na criação de Deus contém dentro de si toda a alegria no que é belo. (WESTERMANN, 2004, p. 11-12).

Loza (2005, p. 60), não muito diferente disso, também dedicará pouquíssimas palavras sobre *tov*, afirmando tratar-se de um superlativo que contém a valorização que se repete nos Salmos, sobretudo 104 e 148, em louvor do Criador. Segundo ele, a bondade dos seres não é uma qualidade adicional. Tudo é bom porque cada coisa responde ao fim que Deus se propôs ao criá-la, e assim contribui para a harmonia do conjunto. tende no tocante aos significados e implicações do termo.

Bandstra (2004, p. 64), que propõe um comentário exaustivo e com tradução de cada palavra hebraica do texto, limita-se a dizer, nos versículos em que *tov* aparece, que "em um sentido textual, não está claro exatamente o que é bom". Também Kidner (1979, p. 50), que possui um longo comentário versículo a versículo, menciona apenas ao final do capítulo 1 a incisiva presença de *tov*. Sobre isso, lança o seguinte comentário:

> Por Sua graça, algo além dele próprio tem assegurada não só a existência, mas também certa medida de autodeterminação. E se cada pormenor da Sua obra foi declarado "bom" (4,10,12,18,21,25), o conjunto todo é muito bom. O Velho e o Novo Testamento endossam de igual modo isto em seu chamamento a uma agradecida aceitação das coisas materiais

(exs., Sl 104:24; 1 Tm 4:3-5) como provindas de Deus e destinadas a Deus.

Arana (2003, p. 30), em seu comentário sobre Gênesis, discorre sobre o termo apenas em sua primeira e última aparição, sem ressaltar algum significado que implique numa hermenêutica diferente do texto. Para o autor, o "bom" significa uma contemplação do artesão quando acaba sua obra, pois ele "considera-a perfeita, formosa, conforme a imagem que se havia feito dela, apta para o destino que lhe havia determinado. Aqui o artista divino contempla a formosura da luz criada". O autor, na mesma página, também afirma que o bom implica num reconhecimento de que a obra é "perfeitamente obediente à sua palavra, conforme o plano traçado e a função que terá no conjunto da criação". Sobre o último versículo em que o termo aparece nessa perícope, Arana (2003, p. 44) propõe que o uso do superlativo "muito bom" equivale a "bom em todos os sentidos: útil, ajustado à medida, adequado ao fim a que se pretende, reto, ético, formoso, amável. O cosmo saído da mão de Deus é um portento de harmonia e adaptação ao fim". No entanto, o autor não propõe uma ideia para o texto que parta desse princípio. Mesmo expressando os sentidos e significados que expressou, ainda assim, ao comentar cada versículo, trata o bom de maneira simplista, como apenas aprovação por parte do criador.

Smith (1955, p.112) será o que mais se estenderá quanto ao termo, dedicando a ele três parágrafos, nos quais dirá que "muito bom" é um termo que expressa a esperança mais profunda. Segundo o autor, no primeiro capítulo da Bíblia Hebraica não se aborda o mal, somente o bem. Portanto, ele conclui que "pode-se considerar a possibilidade de que a palavra "bom" (*tov*) em Gênesis 1 possa não significar bem moral, como a maioria dos comentaristas entende." Alternativamente, o autor propõe considerar a ideia de que a expressão simplesmente se refere ao benefício ou bem-estar, defendendo que, nesse sentido, há uma remoção de qualquer senso de desequilíbrio moral entre o bem e o mal.

No entendimento de Smith (1955), é preciso olhar para as evidências dos significados do termo, ainda que brevemente, como ele o faz. Segundo o autor, a primeira narrativa bíblica certamente está vinculada ao benefício e ao bem-estar, e não somente à bondade em um sentido abstrato ou moral.

Mencionando o relato da criação no Salmo 104,28, Smith (1955, p. 111-112) interpreta e utiliza a expressão *tov* com conotação de benefício econômico. Assim, ele defende que existe um intervalo semântico de *tov* em Gênesis 1, que deve abranger a paz e o bem-estar. No entendimento de Smith, a paz está diretamente ligada ao bem-estar. Nesse sentido, o *tov* possuiria uma forte inclinação para o bem-estar econômico, para a prosperidade que viabiliza a vida. Buscando textos paralelos, que não o da narrativa da criação, Smith considera que *tov* se encontra em oposição à desgraça ou destruição (cf. Provérbios 11,10). Portanto, há muito apoio para tomar *tov* em Gênesis 1 com a nuance de benefício. Observe que, em tais contextos, não há nenhuma conotação moral particular.

Em contraste aos textos externos, Smith (1955) afirma que o plano sacerdotal de Gênesis 1 sugere que o "bom" não se limita simplesmente a uma caracterização tão estreita do benefício. Ele propõe, em vez disso, que "tov" na mitologia hebraica estabelece as bases para a santidade sacerdotal, definindo as normas de santidade e comportamento moral. Nesse ponto, as afirmações de Smith não se sustentam dentro do contexto de escrita, em que diversos elementos considerados pela teologia sacerdotal como profanos, não santos, e ainda maus, são submetidos ao crivo divino, incluídos na obra organizadora e considerados *tov*. Propor que o texto tenha a intenção de revelar bases morais não parece muito justo diante da imoralidade que os elementos dignificados apresentam na sociedade babilônica.

Smith (1955, p. 112), apesar disso, permanecerá argumentando a possibilidade, considerando que "em outros lugares, a palavra 'bom' (*tov*) funciona em um sentido moral como um termo para pessoas justas ou retas. Pessoas 'boas' são contrastadas com pessoas más ou más (Provérbios 2.20-22, 12:2, 13:22, 14:14 e 15.3)". Um exemplo de seu argumento é apresentado em Amós 5,14-15: "procure o bem e não o mal" e "odeia o mal e ame o bem". Em suas palavras:

> Podemos concluir que ambos os significados se aplicam em Gênesis 1; a criação é boa em ambos os significados como benefício e bem moral. Dentro da visão de mundo sacerdotal, ambos os aspectos do "bom" se enquadram na rubrica de santidade. Deus é bom em todos esses aspectos, e quando Deus cria, a criação também é boa. Assim, parece que Gênesis 1 fornece uma imagem para as origens da criação e sua bondade, mas não explica as origens da maldade ou do mal em um sentido moral. (...) O mal não é a preocupação; o bem é decididamente o sentido enfatizado em Gênesis 1. Talvez ao omitir o mal da criação e, assim, enfatizar o bem, Gênesis 1 responde a outras obras bíblicas que enfatizam o mal da experiência ou criação humana (como Jó 3). Gênesis 1 não nega o mal (certamente não de forma explícita), mas simplesmente o ignora e, em vez disso, eleva uma visão do bem, talvez em resposta à experiência de trauma e mal de Israel durante o século VI a.C. (SMITH, 1955, p. 111-112).

Sobre a conclusão de Smith, aparentemente o texto não ignora o mal, mas sim o inclui na criação e o coloca sob tutela divina, sob ordem do criador. Os deuses babilônicos, maus, são agora elementos controlados por Deus, designados a contribuir para o bom andamento social. Ainda que de forma velada, é possível afirmar que o texto trata do mal e responde a ele de forma diferente daquela costumeira. Os sacerdotes autores de Gênesis, assim como afirmado no capítulo 1, certamente eram sacerdotes que escreviam da periferia de seu grupo: longe das preocupações morais, mais focados nas questões éticas e sociais.

Para além desse estudo de Smith, fora dos comentários bíblicos, portanto, também quase não se encontram artigos e livros dedicados à presença insistente do adjetivo no texto, tampouco sobre seus significados e implicações para a teologia da época e para nossa.

O artigo do Rabbi Sacks é o único que apresenta uma preocupação mais prática em relação ao significado do termo hebraico, ainda assim com pouca densidade de conteúdo. Sacks (2014, p. 2) afirma em parte de seu texto que:

> Tov é uma palavra moral. A Torá em Gênesis 1 está nos dizendo algo radical. A realidade para a qual a Torá é um guia (a própria palavra "Torá" significa "guia, instrução, lei") é moral e ética. A pergunta que Gênesis procura responder não é "Como o universo surgiu?" Mas "Como então devemos viver?" Esta é a mudança de paradigma mais significativa da Torá. O universo que Deus fez e nós habitamos não é sobre poder ou domínio, mas sobre tov e ra, bem e mal. Pela primeira vez, a religião foi ética. Deus se preocupa com justiça, compaixão, fideli-

> dade, bondade amorosa, dignidade do indivíduo e santidade da vida.

Ainda assim, o texto do autor não está preocupado em explorar, de forma mais profunda, a aplicabilidade do termo como um modelo de vida social. Apesar de trazer palavras significativas como justiça, compaixão, dignidade e outras, a falta da aplicação não permite reflexões mais profundas sobre o termo a partir de seus estudos.

Uma obra recentemente publicada é o livro intitulado "Uma igreja chamada Tov: A formação de uma cultura de bondade que resiste a abusos de poder e promove cura", originalmente publicado em 2020, mas traduzido para o português em 2022, de autoria de Scot McKnight e Laura Barringer. A obra, pelo que aparenta, é a única a trazer o *tov* em seu título e colocá-lo como sustento de um argumento. Apesar disso, curiosamente o livro não propõe uma definição para o termo, e estranhamente não leva em conta suas possíveis significações.

Como única publicação encontrada em que o *tov* está atrelado à cultura, a uma forma de ser, o livro merece especial atenção. Nele, os capítulos são divididos em duas partes. Na primeira, há quatro capítulos que se propõem a falar sobre a cultura das igrejas, os sinais de alerta quanto às culturas tóxicas, as reações diante das críticas por parte delas e a questão das falsas narrativas. Já a segunda é composta por sete capítulos (5 ao 12) e aborda de forma mais específica o *tov. Os capítulos apresentados são*:

> Parte II: O círculo de *tov*
> 5. A formação de uma cultura de bondade
> 6. Igrejas *tov* cultivam empatia
> 7. Igrejas *tov* cultivam graça

8. Igrejas *tov* cultivam priorização de pessoas
9. Igrejas *tov* cultivam veracidade
10. Igrejas *tov* cultivam justiça
11. Igrejas *tov* cultivam serviço
12. Igrejas *tov* cultivam semelhança a Cristo

A obra começa com o relato de uma série de acontecimentos no meio eclesiástico que demonstram uma deformidade na cultura das igrejas em que as lideranças agem com poder abusivo e até em cunho sexual. Em seguida, os autores dispõem-se a apresentar um mapa a partir da palavra hebraica *tov*. Eles esclarecem que: "Neste livro, focalizaremos a formação de igrejas para as quais Deus possa olhar e dizer: 'Isso sim é *tov*!'" (MCKNIGHT; BARRINGER, 2022, p. 21). Antes de apresentarem o que chamaram de círculo do *tov*, nos primeiros capítulos se dedicam a introduzir a cultura eclesiástica contemporânea, com exposição do comportamento de líderes e membros numa comunidade que consideram tóxicos. Essa exposição vem acompanhada de análises comparativas com as ações de Jesus nos evangelhos e, por duas vezes ao longo dos quatro primeiros capítulos, *tov* é utilizado nas seguintes frases:

> A cultura nos ajuda a encontrar novas formas de pensar por meio do comportamento. Em outras palavras, por meio de nossas ações, a cultura molda nosso pensamento. Uma cultura boa (*tov*) nos ensina a nos comportar com bondade, e bom comportamento molda nossos pensamentos em direção à bondade. (MCKNIGHT; BARRINGER, 2022, p. 33)

> A fim de termos qualquer esperança de desenvolver uma cultura de bondade (*tov*) em nossas igrejas, é

> preciso resistir a esses líderes narcisistas desprovidos de empatia, ou substituí-los. Para isso, temos de entender, primeiro, como culturas narcisistas se desenvolvem. (Ibid., p. 38)

Até o final do quarto capítulo, nenhuma outra menção ou explicação conceitual é apresentada. O capítulo 4 encerra com os autores afirmando que "nos próximos capítulos traçaremos um mapa que mostra o caminho para uma cultura de bondade (*tov)* a fim de que possamos aprender a medir nossas igrejas como Deus o faz" (Ibid., p. 95). Essa, talvez, seja a primeira frase onde é possível extrair algum entendimento sobre *tov* na concepção dos autores. Apesar de anteriormente terem mantido a tradução para "bom" e utilizado "bondade" como expressão sinônima, a percepção aqui é de um possível julgamento, uma medida, um parâmetro.

Apenas na página 101 os autores irão trazer "as ideias centrais a respeito do *tov*" com as seguintes palavras: "*Tov*, o termo hebraico para 'bom' ou 'bondade', é de longe uma das palavras que mais aparecem na Bíblia. Com mais de setecentas ocorrências nas Escrituras, podemos dizer que a Bíblia é nosso Livro de *Tov*" (MCKNIGHT; BARRINGER, 2022, p. 101). Após apresentar o que entendem ser a ideia central, os autores sugerem uma divisão do termo por temas, "uma vez que *tov* se estende para todas as direções". Os temas propostos são: Somente Deus é *tov*; o plano de Deus é *tov*; *tov* é ativa; *tov* resiste ao mal; *tov* enquanto aprovação absoluta de Deus; o evangelho é *tov*; Jesus, o único verdadeiro homem de *tov*; a formação de uma igreja *tov*. Por fim, disponibilizam o "Círculo de *tov*", no qual estão os próximos assuntos que se desenvolverão na referida obra. O círculo apresentado é o seguinte:

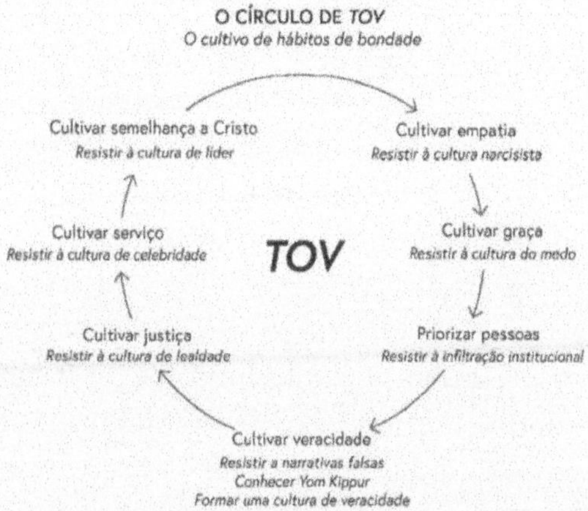

(MCKNIGHT; BARRINGER, 2022, p. 112)

Desenvolvidas as temáticas que completam o círculo, a partir de relatos de experiências sobre o que acontece no meio eclesiástico, combinadas com versículos bíblicos tanto do Antigo Testamento quanto do Novo para sustentar possíveis críticas e apresentar possíveis modelos adequados, a obra se encerra com o questionamento "O que podemos fazer?", e responde:

> Primeiro, expressa que *tov* é a missão de Deus para sua igreja; *tov* é caracterizado perfeitamente quando trabalhamos juntos para nos tornar mais parecidos com Jesus. Segundo, abra espaço para que a obra criativa do Espírito de Deus conduza sua igreja a *tov* e evite programar, controlar e limitar essa obra criativa do Espírito de Deus. Terceiro, em todos os níveis, torne-se disponível para o discernimento revelador do Espírito Santo a respeito de como *tov* pode criar raízes em sua igreja. Quarto, permane-

> ça na Palavra. Leia a Palavra com outros e, juntos, deixem que a Palavra lhes mostre como Deus os está conduzindo em direção a *tov*. Quinto, coopere com outras igrejas no processo de erradicação da cultura tóxica e de transformação de sua igreja em uma igreja chamada *tov*. (MCKNIGHT; BARRINGER, 2022, p. 242-243).

Ao longo da obra, é possível reconhecer denúncias legítimas sobre as formas como se organizam as instituições religiosas e os episódios lamentáveis que ocorrem em muitas delas. Entretanto, a obra funciona, aparentemente, como um guia para líderes protestantes, sobre como conduzir suas igrejas em diversas situações, e *tov* serve como uma palavra a ser repetida e decorada - uma espécie de livro *coaching*. Em todo tempo, o foco são as igrejas e o que acontece dentro delas. Não há, no livro em questão, uma aproximação dos contextos em que o *tov* é utilizado, tampouco uma proposta de releitura de algum desses textos bíblicos à luz dele. A narrativa da criação é mencionada apenas como um exemplo da aparição do termo hebraico, mas seu conteúdo não é desenvolvido e não é utilizado como parâmetro para o desenvolvimento da proposta.

Desse modo, apesar de ser um livro recente e talvez o único com um chamado exclusivo para o *tov*, seu conteúdo interno não oferece uma hermenêutica segura dos textos bíblicos em que o termo é utilizado, seja como adjetivo, verbo, ou outras formas.

Demonstrada, portanto, a lacuna existente sobre o termo e levando em consideração os estudos apresentados no Capítulo 1 deste livro, que chamam a atenção para a repetição do adjetivo *tov* mesmo em meio ao contexto ruim, doloroso e caótico que dá origem ao mito, a busca por definições suficientes para sustentar a hermenêutica que se propõe continua.

Não há pretensão, aqui, de discutir o sentido ou a falta dele nas análises que levam em conta apenas o estético no texto. O objetivo é, em vez disso, buscar uma maior compreensão do *tov* que conecte o sentido do texto com a realidade de vida de seus produtores e, também, com o tempo presente. Um possível eixo em que esses elementos se conectam — realidade prática, textos, componentes da criação — poderia propor uma análise que seja aplicada objetivamente à prática, a partir das demandas contextuais.

Para isso, faz-se necessária a investigação do adjetivo a partir dos dicionários e léxicos, assim como do uso do referido termo em outros textos bíblicos do Antigo Testamento que possam servir de referência para sua definição.

2.1 Pesquisas sobre tov

Um ponto de partida para o estudo do termo é sua raiz etimológica. Entretanto, não são todos os pesquisadores que farão um trabalho detalhado sobre o desenvolvimento do termo. Alguns dos que irão apresentar tal estudo são os biblistas Botterweek e Ringgren, na publicação do volume V do *Theological Dictionary of the Old Testmant*, de 1986, e Ernest Jenni e Claus Westermann, na organização do *Diccionario Teologico Manual Del Antiguo Testamento*, de 1978. Ambos os estudos concordam que o adjetivo tem sua origem proto-semítica, com a raiz *tb,* e que ganhou sua vocalização, assim como seus significados, com o emprego de infixos secundários à raiz.

Segundo Jenni e Westemann (1978, p. 901), a raiz aparece com frequência na forma de verbo e em diversas formas nominais, em acádio, aramaico, árabe e ugarítico. Parece seguro, portanto, afirmar que sua aparição em hebraico, como verbo denominativo, possui o *qal* em formas plurais do perfeito, assim como no infinitivo. Vejamos nas palavras dos autores:

> A raiz na base do hebraico *tov*, bom, pertence ao semítico comum (Bergstr., Einf., 189); ocorre frequentemente (às vezes nas formas secundárias ytb e t`b) como um verbo e em várias formas nominais em acadiano, aramaico e árabe, mas está ausente em etíope.
>
> (...)
>
> Em hebraico, o verbo denominativo *tov* (BL 392; Meyer II, 151) está documentado com total certeza em qal nas formas plurais do perfeito (Nm 24,5; Ct 4,10), bem como em o infinitivo (absoluto: Jz 11.25; constructo: Jz 16.25Q; 2Sm 13.28; Est 1.10; cerca de 1 Sm 2.26.
>
> (...)
>
> Fora desses casos nem sempre é fácil distinguir entre o perfeito (e particípio) e o adjetivo para B. (JENNI; WESTEMANN, 1978, p. 901).

Como exemplo do uso de *tb* com os acréscimos vocalizadores, Botterweek e Ringgren (2021) mencionam o desenvolvimento do termo em ugarítico para *tbn*, que significa harmonia, assim como *tbt*, que significa bondade - adjetivos que se farão muito presentes no texto hebraico. Doutro modo, numa busca mais aprofundada sobre o desenvolvimento da raiz, chegar-se-á à expansão para seu formato em verbo. Segundo os autores supracitados, sua escrita pode ser encontrada em textos egípcios, na forma *tabu,* com o sentido de vir a ser, fazer bem, fazer bonito, assim como em aramaico, na forma de *tob,* que foi frequentemente usada para referir-se à administração da justiça do reino.

Sobre o uso do termo no aramaico, ao se referir à justiça, é interessante notar sua presença em leis, contratos, protocolos e editos como um termo técnico e fixo para expressar satisfação. Quando aparece nas cláusulas finais de um contrato ou protocolo, documenta o cumprimento das obrigações e torna juridicamente vinculativa a renúncia associada a outras reivindicações. Analisando os textos legais[1], a pesquisa propõe que falar em total cumprimento das obrigações é o mesmo que falar em satisfação do coração ou coração satisfeito. De forma mais clara:

> O uso de *tob* na administração da justiça é particularmente bem atestado em aramaico. De particular importância no domínio da formação de palavras é a distinção entre os usos passivo e ativo do verbo, que são em parte característicos de tipos específicos de casos. Em todos os usos linguísticos, *tb* em combinação com *lbb*[2] deve ser considerado um termo

1 Para ver o estudo desses textos detalhadamente: BOTTERWEEK; RINGGREN (orgs.). *Theological Dictionary of the Old Testmant*, 2021, p. 302 (item "f").

2 Com relação à associação de *tov* a *lbb,* cabe esclarecer o significado do termo: "Em hebraico *leb,* vem de *libb* uma raiz semítica comum, que segundo Jakob Barth deriva o substantivo (originalmente *libab*) de um verbo intransitivo, e que Ludwig Koehler dá o significado de "pulsar". O verbo em si, no entanto, não é atestado. A derivação, segundo Barth, é análoga à de db, "urso", de dbb, de modo que ele toma *lebab* como uma "extensão de palavra". *Lbb* (nifal: "tornar-se inteligente"; piel: "tirar o coração, encantar"), é um verbo denominativo de leb. As formas nominais são encontradas em todas as línguas semíticas: Akk. *libbu,* "corpo interior, coração"'. lugar. *lb,* "coração". É provável, portanto, que *leb* seja um substantivo primário. Outros cognatos incluem o antigo Aram. *lbb* "coração"; Aram. Lb "coração,

> pertencente à lei de propriedade pessoal. No direito civil e forense, aplica-se ao comércio e à transferência de propriedade por compra ou herança (não por doação). É um termo técnico fixo para "satisfação"; nas cláusulas finais de um contrato ou protocolo, ele documenta o cumprimento das obrigações e torna juridicamente vinculativa a renúncia associada a outras reivindicações. A conexão entre a noção de satisfação e a de cumprimento de obrigações fica clara nas desistências e transmissões pela forma ativa *hwlbt lbby*, "você satisfez meu coração com". Essa expressão combina dois aspectos que a forma passiva expressa por meio de dois termos: (1) *yhbt ly dmwy/ym't Iy*, "você me deu seu preço"/"você me jurou"; (2) *wtyb lbby bgw*, "e meu coração está satisfeito, portanto." Dessa perspectiva, a forma passiva é o resultado direto da ativa. Cumprimento das condições exigidas e "satisfação do coração" são idênticas. (BOTTERWEEK; RINGGREN, 2021, p. 302).

Harris, Jr e Waltke (1998, p. 564-566), aduzem que essa raiz se refere ao "bem" ou à "bondade" em seus sentidos mais amplos. Podem ser assinaladas cinco áreas gerais de significado: 1) o bem prático, econômico ou material; 2) a bondade abstrata, tal como a vontade de possuir, o prazer e a beleza; 3) valor qualitativo ou preço elevado; 4) a bondade moral e 5) o bem filosófico.

Segundo os autores, este verbete encontra-se organizado na seguinte forma: 1) o verbo *tov*; 2) o adjetivo *tov*, junto com

centro de ação pessoal". Judeu Aram *leb\lebab*, "coração, pensamento, mente", e *libba\lîbba\lib-ba*, "coração, disposição, pensamento" (BOTTERWEEK; RINGGREN; FABRY, 2013, p.400).

seus empregos como substantivo; 3) o substantivo *tov*. A distinção entre derivados do verbo e do adjetivo são comumente difíceis de serem feitas pela semelhança no conceito implicado. Por isso, essa dificuldade se torna insignificante, quando percebido que tanto o verbo quanto o adjetivo cobrem a mesma gama de sentidos (HARRIS; JR; WALTKE, 1998, p. 564-566). Essa afirmação é de suma importância. Uma vez que o termo, seja como adjetivo ou como verbo, está sustentando um conceito de ordem prática, que implica em uma maneira de conduzir e enxergar a realidade concreta, é possível fazer um intercâmbio de significados e aplicações quando encontrados num mesmo cenário.

Ainda fazendo referência à forma primária, ou seja, à raiz do adjetivo ora pesquisado, Jenni e Westermann (1978), afirmam que é possível encontrar variantes com essa raiz 741 vezes em todo o Antigo Testamento - 738 delas aparecem em hebraico e 3 vezes em aramaico. Os três textos em que há maior concentração da raiz são Salmos, Provérbios e Eclesiastes, com 68, 62 e 52 vezes, respectivamente. Porém, as formas de seu emprego, como mencionam os autores, são muito extensas. Reduzir suas variantes apenas a bom, agradável, gostoso, belo e correto, seria ignorar outros contextos que fazem parte da formação do significado de *tov*. O significado dessa palavra não pode ser limitado à tradução única, como feito em nossa língua portuguesa, por exemplo. Antes, é preciso compreender a ideia que se forma em torno do termo nas línguas em que foi empregado.

É possível mencionar o uso da raiz especialmente nos textos do Reino do Sul, dos séculos VIII ao VI, e após o exílio, como nas histórias deuteronomistas e parte dos Salmos. Neles, o termo é utilizado com propósito de qualificação de um objeto ou pessoa. Assim, o foco está no aspecto funcional, como algo em ordem ou adequado ao trabalho. Trata-se, portanto, não apenas de bondade, no sentido de ser gostoso ou belo, mas de "bondade para alguma coisa", habilidade para algo (BOTTERWEEK; RINGGREN, 2021, p. 304).

Nesse mesmo sentido, Jenni e Westermann (1978, p. 903-904) propõem:

> Nas traduções bíblicas em nossas línguas, o termo é traduzido – atendo ao contexto – por meio de diversos adjetivos e não só por meio de "bom". (...) Sem pretender elaborar um quadro sistemático e completo de todos os casos, mencionaremos a continuação dos diversos significados em que *tov* aparece: a) aptidão para um determinado fim; b) designação de qualidade; c) caracterização dos homens; d) juízo final, especialmente na literatura sapiencial; e) *tov* junto a *ra`*. (...) se trata de: a) *tov* como designação de bondade moral no sentido religioso; b) das afirmações sobre Deus; c) de conceitos abstratos.

Os autores, ao analisarem os paralelos da Mesopotâmia, percebem que a expressão "ver que algo é bom" ou "ver como algo é bom" era usada pelos artesãos na conclusão de seu trabalho. A interpretação utilitária é enfatizada pela indicação das funções desempenhadas pelas obras da criação. Elas são boas para o propósito para o qual foram criadas, sem qualquer sugestão de avaliação objetiva.

Diferenciando-se dos que trazem os significados comuns, sem maiores comentários da extensão dos significados, Fox (1973, p. 41-42) afirma que *tov*, com raiz em *tbt*, traduz um termo legal que significa amizade, boas relações, com referência específica à amizade estabelecida por meio de tratados. Além disso, o autor afirma que, para alguns versículos bíblicos, "o reconhecimento de que *tov* pode se referir a um relacionamento pactual é valioso na exegese". Nesse sentido, ele cita os seguintes versos de Oseias 3,5, 8,3 e Jeremias 33,9, 12,6, nos quais o pacto com Javé e os benefícios que se recebe por meio dele são destacados:

> Depois, eles voltarão para procurar a Javé, o seu Deus, e Davi, o seu rei. Tremendo, voltarão, nos dias futuros, a Javé e a seus bens. (Oseias 3,5).
> No entanto, Israel recusou o bem, e o inimigo o perseguirá.
> (Oseias 8,3).
> Jerusalém será para mim nome de alegria, louvor e honra, por entre todas as nações da terra que ouvirem falar de todo o bem que eu lhe fiz. Elas serão tomadas de temor e respeito diante de todo o bem e de toda a felicidade que eu vou dar a Jerusalém. (Jeremias 33,9).
> Porque até os seus irmãos e a família do seu pai, até eles traíram você e o caluniaram pelas costas. Não confie neles, mesmo quando falarem coisas boas. (Jeremias 12,6).

Ao analisar os textos traduzidos para o português, a presença do *tov* passa despercebida. Entretanto, sua presença em contextos como esse podem indicar sentidos mais profundos ao significado do termo. O *tov*, nos versículos citados, indica o bom em Deus. Javé, como traduzido na versão utilizada, é *tov*. Seguindo os argumentos de Fox (1973), ele demonstra uma forma de se relacionar, próxima ou distante, daquilo que Deus é e deseja que o ser humano seja.

Outros estudiosos, com seus léxicos, tratarão apenas do significado de *tov* de forma mais sucinta, de um ponto de vista gramatical, sem pretensão de estudar os desdobramentos do termo ao longo da história e da teologia. Dentre eles, Holladay (2010, p. 172) aponta que o adjetivo bom/*tov* possui como significado algo que é jubiloso, alegre, agradável, desejável, em ordem, usável, excelente, de acordo, apropriado, adorável. Strong (2002, p. 377), por sua vez, afirma que *tov* significa agradável, amável, apropriado, conveniente, satisfeito no que se refere à natureza sensitiva humana, boa compreensão no que se refere à natureza intelectual humana, correto no que se refere à ética, justiça, beleza, alegria, discernimento. Benner (2009, p. 29) define o adjetivo como "agir funcionalmente", ou como coloca de forma melhor em outras edições, "algo que funciona apropriadamente" (BENNER, 2005, p. 134).

Dos dicionários que se propõem à descrição semântica, com foco nos sistemas de correspondência, Luiz Alonso Schökel é o que mais se estende em apresentar as correspondências de *tov*. Começando pelo *qal,* o autor aponta as possíveis compatibilidades: "Ser bom, valioso, belo, formoso, apreciável, precioso" (SCHÖKEL, 1997, p. 256). Nas construções com sujeito ou complemento de pessoa, há equivalência a "ficar bem", "assentar-se bem", "cair bem", "ser conveniente para", "alegre", "de bom humor", "ébrio". Também, no que diz respeito à ação causativa do *qal*, aponta-se similitudes com fazer bem, ter razão. O autor explica que "usa-se como adjetivo, *bom*; como substantivo, *bem, dita*; como advérbio, *bem, para o bem de*" (Ibid., p. 256).

Schökel (1997, p. 256-257) identifica, ainda, os usos do termo enquanto adjetivo em cinco formas: a primeira delas como atributo de substantivos; a segunda como predicado de oração nominal; a terceira em construções especiais como "vai bem para", "prospera", "aproveita", "convém"; a quarta como comparativo e superlativo, a exemplo de "melhor que", "mais digno que", "mais valioso que"; em quinto como resposta, "de acordo". Já como substantivo ou substantivado, propõe seu uso em sentidos físicos ou ético-religiosos, dividindo-os em possíveis correlações com bem físico e psicológico e com bem moral. Nestes sentidos, o bem físico e psicológico se conecta à felicidade, prosperidade, bem-estar, satisfação, boas notícias, enquanto o bem moral a uma ação ou dom, como qualidade pessoal, de agir bem, fazer bem. Por fim, Schökel (1997, p. 257) apresenta as afinidades com o uso adverbial, na função de "a favor de" e similares, e no uso "por importância e abundância", em que os exemplos são: "valor inclusivo", "conhecimento", "discernimento dos dois extremos".

Não muito diferente do que já foi mencionado, Gesenius (1980, p. 319) traduz *tov* como "ser bom", "agradável" (especialmente em relação a cheiro agradável), "alegre", "fazer o bem", "fazer algo corretamente", e também como adjetivação física, por exemplo, "terra boa", "pura". Outras associações levantadas são "viver honestamente", "ser gentil com alguém", "ser bom aos olhos de alguém", "ser feliz, completo".

Dentre os significados propostos, vários deles são interessantes e superam a aparente ideia simplista de bonito ou agradável. Ao dizer que determinado objeto, situação ou pessoa é *tov*, por sua capacidade de funcionar apropriadamente ou de agir apropriadamente, elevamos a reflexão desse algo ou alguém para outros níveis. VanGemeren (2011, p. 352) assim define o termo:

> No uso geral, "bom" indica um estado ou função apropriada à espécie, ao propósito ou à situação. Assim, o fruto das árvores, no Éden, é descrito como "bom para alimento" (Gn 2.9; cf. 3.6), e as primeiras espigas de milho do sonho de Faraó eram "boas" (41.5,22,24, 26). As palavras pronunciadas de maneira adequada a uma situação ou necessidade são descritas de modo semelhante (Pv 15.23; talvez, cf. 1Sm

> 9.10), e o conselho de Aitofel em relação aos planos de batalha de Absalão é declarado "bom", embora, no evento, ele não tenha sido seguido porque "ordenara o SENHOR que fosse dissipado o bom conselho de Aitofel, para que o mal sobreviesse contra Absalão" (2Sm 17.14). O conceito de "bondade" tem uma parte especial nas narrativas da criação, em Gênesis 1-2. Em seis pontos, em Gênesis 1, Deus revê o que ele havia criado e acha "bom" (vv. 4, 10, 12, 18, 21, 25), e, depois, caracteriza o trabalho completo da criação como "muito bom" (v. 31). Esse é o "Deus artífice" que, à semelhança do artífice humano, volta-se para olhar o que ele fez e declara sua satisfação com o trabalho (cf. Is 41.7: "dizendo da soldadura: está bem-feita (ôb). Então, com pregos fixa o ídolo para que não oscile."

Ou seja, indica algo não somente dotado de boa aparência, boa textura ou bom sabor, mas também de capacidade para cumprir sua finalidade. Esse conceito traz implícito perguntas como: qual a sua finalidade? Como cumpri-la? Como fazer juízo sobre seu cumprimento? Dentre outras. As respostas para elas dependem de um contexto maior, de uma análise dos textos que levem em conta os contextos que o envolvem.

A partir das propostas feitas pelos estudiosos mencionados, quanto ao uso do *tov* nos textos, com seus variados sentidos, alguns podem se destacar. Os principais deles serão mencionados, porém sem preocupação com a ordem de importância, tampouco com a ordem cronológica em que os termos foram mencionados, ou pela maior frequência de aparição. A proposta nestes subtópicos é de agrupar os principais significados encontrados nos dicionários ora mencionados e, também, reunir alguns textos bíblicos em que o termo se apresenta nos sentidos apresentados.

2.2 *Principais significados do uso do tov*

2.2.1 *Bem-estar*

Harris, Jr e Waltke (1998, p. 564), sobre *tov* como o adjetivo para descrição de um estado de bem-estar, afirmam:

> Frequentemente o verbo ocorre com um sujeito impessoal, "é bom que...". Essa expressão idiomática pode descrever um estado de felicidade ou bem-estar como quando descreve o bem-estar ilusório dos hebreus no Egito (Nm 11.18), o bem-estar de um escravo que possui um bom senhor (Dt 15.16) e a satisfação descontraída que Saul experimentou com a música de Davi (1Sm 16.16). Ser considerado bom com alguém ou aos olhos de alguém, aponta o desejo ou vontade daquele que é bom, por exemplo, ao dizer que foi bom aos olhos de Deus, entende-se que isto é da vontade de Deus (Nm 24.1).

Outras aparições contribuirão para esse sentido, demonstrando a possibilidade de associação do adjetivo com o estado de bem-estar. Por exemplo: quando Jó indaga se Deus se diverte e sente prazer em oprimi-lo (Jó 10,3). Nesse caso, Jó está questionando se lhe parece (a Deus) *tov* causar-lhe tais dores, de modo que isso lhe traga bem-estar. Também, na descrição de Balaão e sua reação diante das tendas de Israel, ao ter que amaldiçoá-las, ele percebe que elas eram boas, apropriadas, belas ou atraentes, de modo que nada pudesse falar contra elas e diante delas sentisse bem-estar (Nm 24,5).

Da mesma forma, em Cântico dos Cânticos 4,10, o poema retrata o amor de uma mulher que é melhor do que vinho. A expressão traduzida para "melhor", no texto hebraico, é *tov* - propõe que ainda que existam coisas boas de serem sentidas, vividas e provadas, há algo de melhor. Vejamos o poema para melhor compreensão: "Como são belos seus amores, minha irmã, minha noiva! Seus amores são melhores do que o vinho; o odor de seus bálsamos é mais agradável do que todos os perfumes" (Ct 4,10). O autor compara o que é *tov*, traduzido nesta versão (Nova Pastoral) como melhores, com o beber do vinho e os perfumes agradáveis. O texto poderia ser lido, então, da seguinte forma: "muito mais agradável e satisfatório é o seu amor e o seu odor, do que o vinho e todos os outros perfumes". Aparentemente, na proposta do poema, o bem-estar produzido pelo que é *tov* tem status superior ao bem-estar produzido por outras vias.

Expressões idiomáticas como "bom aos olhos de...", segundo Harris, Jr e Waltke (1998), expressam preferência ou vontade. A interpretação nesse sentido está em consonância com textos como Dt 23,16-17, em que há preferência por um escravizado, fugido de seu senhor, em residir em outro local com outro senhor. De semelhante modo ocorre a escolha dos maridos pelas filhas de Zelofeade (Nm 36,6). Em ambos os casos, tanto o escravizado quanto as mulheres poderiam decidir aquilo que lhe trariam maior bem-estar. O escravizado com a possibilidade de residir onde se sentisse melhor (*tov*), e as filhas de Zelofade de escolher qual marido lhes seria melhor (*tov*). Ou seja, ainda que a proposta de tradução do adjetivo em muitas passagens seja "bom", no sentido da vontade e da preferência, o resultado da escolha é o bem-estar, é o *tov*, pois o fim é o bem-estar.

Em Gênesis 2,18, a mesma ideia de bem-estar encontra-se na sentença divina "Não é bom que o homem esteja sozinho", como expressão da ideia de que não é prazeroso, não gera bem-estar, não é agradável ao homem estar sozinho. As sensações diversas estão implícitas na ideia da necessidade do ser humano estar na companhia do outro (JENNI; WESTERMANN, 1978, p. 904-905).

Percebe-se, portanto, a partir de alguns termos mencionados, que a visão, o sentimento, o reconhecimento, o desejo e a escolha - que geram bem-estar - estão implícitos no significado de *tov*.

2.2.2 *Valor econômico*

Outra esfera em que encontramos significado da expressão é a econômica. No hebraico, o emprego do *tov* muitas vezes se assemelha ao que em português seria colocado como caro, de valor, dispendioso, próspero. Jenni e Westermann (1978, p. 904-905) afirmam que o adjetivo, nesses casos, contém em si um julgamento ou uma decisão sobre os orçamentos necessários para salvar a vida ou a prosperidade.

Os autores acima mencionados propõem uma perspectiva alternativa de prosperidade: o valor da própria existência ou da existência do outro como *tov*. É de *tov* a possibilidade de existir e prosperar. Exemplos disso seriam as passagens de Ex 14,12, Nm 14,3, 1 Sm 27,1 e 2 Sm 14,32. A seguir, os contextos delas:

> E disseram a Moisés: "Será que não havia sepulturas lá no Egito? Você nos trouxe ao deserto para morrermos! Por que nos tratou assim, tirando-nos

> do Egito? Não é isso que nós dizíamos a você lá no Egito: 'Deixe-nos em paz, para que sirvamos aos egípcios'? O que é melhor para nós? Servir aos egípcios ou morrer no deserto?" Moisés respondeu ao povo: "Não tenham medo. Fiquem firmes, e verão o que Javé fará hoje para salvar vocês. Nunca mais vocês verão os egípcios, como estão vendo hoje. (Êxodo 14,11-13).
>
> Por que Javé nos trouxe a esta terra? Para morrermos pela espada e para que nossas mulheres e crianças se tornem escravas? Não seria melhor voltar para o Egito?" 4E diziam uns aos outros: "Vamos escolher um chefe e voltar para o Egito". (Números 14,3-4).

Em ambos os textos apresentados, o povo que saíra do Egito e estava em peregrinação pelo deserto rumo a Canaã, se enxerga em uma situação de vulnerabilidade, próxima à morte. Assim, voltar ao Egito significaria sobrevivência. Portanto, *tov* é retornar ao Egito, local em que as necessidades são supridas e a vida é mantida.

Da mesma forma, no texto a seguir, Davi afirma que é *tov* se refugiar em outra terra para não ser morto por Saul. Ainda que a tradução da Bíblia Nova Pastoral tenha optado pela expressão "não tenho outra saída", o original diz que não há nada *tov* do que se refugiar na terra dos filisteus - a sobrevivência é posta como benefício. No segundo texto abaixo, o sentido é o mesmo, estar melhor, estar *tov*, é estar em segurança de vida.[3]

3 Outros textos que podem ser citados nesse sentido são: Nm 11,18; Dt 5,33 e 15,16, 1 Sm 16,16-23, Os 2,9; Sl 128,2; Is 3,10; Jr 44,17; Salmos 112,5; 1Sm 20,12: Dt 23,17.

> Davi pensou: "Mais dia menos dia, Saul vai acabar me matando. Não tenho outra saída, a não ser refugiar-me na terra dos filisteus. Saul desistirá de me perseguir por todo Israel, e eu estarei seguro". (1Samuel 27,1).
> Joab procurou Absalão na sua casa, e lhe perguntou: "Por que seus servos puseram fogo no meu campo?" Absalão respondeu: "Mandei chamar você para servir de intermediário e levar ao rei esta mensagem: 'Para que voltei de Gessur? Lá eu estava melhor'. Agora quero ser recebido pelo rei. Se sou culpado, que ele me condene à morte". (2 Samuel 17,31-32).

Harris, Jr e Waltke (1998, p. 566) também trazem algumas passagens, dentre muitas outras, de "bom" como designação de benefício prático ou econômico. São descritos como bons para comer as frutas do Éden (Gn 2,9) e o cereal do sonho de Faraó (Gn 41,5-35). Além disso, o "bem" no episódio de José ser escravizado (Gn 50,20) refere-se aos resultados nos benefícios de alimentação e sustento para sua família. Outro exemplo, expresso pela conotação oposta, é o de Ex 18,17 em que o sogro de Moisés, Jetro, aponta sua má administração (*lo tov*, não boa), que acabaria destruindo a si e a seu povo.

Em Dt 1,25 a terra que o povo receberia de Javé é mencionada como "terra boa", *tov*, e na antiga aliança a expressão incluía nuanças práticas, econômicas e estéticas. Também encontramos esse sentido em textos como o de 1Rs 10,7, no qual a prosperidade é colocada como sinônimo de *tov*. Em Oseias 10,1, *Tov* é sinônimo de recompensa, prosperidade na lavoura: "Israel era uma parreira exuberante que produzia uvas com fartura. Quanto mais frutos produzia, mais multiplicava seus altares; quanto mais rico se tornava o país, mais enriqueciam os monumentos pagãos".Da mesma forma, em Ec 3,13, o *tov* do trabalho se refere ao ganho obtido com ele.

A prosperidade também envolve contextos de guerra. Como exemplo disso, é possível mencionar o texto de 2Cr 18,1-11: quando Josafá orienta o rei de Israel a consultar os profetas para saber se deveria unir seu exército em guerra contra os arameus, o rei de Israel não deseja fazer tal consulta a Miqueias, pois ele trazia apenas palavras não agradáveis ou de desgraça ao rei. O texto menciona palavras que não são *tov* em paralelo à ideia de ganhar ou perder a guerra. No capítulo anterior (17), é relatado que Josafá convoca os profetas para instruir o povo, dentre eles Miqueias. Este é o resultado dessas instruções:

> O terror de Javé atingiu todos os reinos dos países vizinhos de Judá. E nenhum deles tentou fazer guerra contra Josafá. Os filisteus lhe pagavam muito tributo em dinheiro. Até os árabes lhe traziam gado miúdo: sete mil e setecentos carneiros e sete mil e setecentos bodes. Josafá foi ficando cada vez mais poderoso, e construiu fortalezas e cidades-entrepostos em Judá. (2 Crônicas 17,10-12).

Além disso, a prosperidade em torno do termo também pode estar associada a fazer o bem, de forma concreta, a outrem. Como exemplo, temos o texto da promessa dos hebreus a Hobab, em Números 10,20-32:

> Moisés disse ao seu sogro Hobab, filho de Raguel, o madianita: "Vamos partir para o lugar que Javé prometeu dar para nós. Venha conosco e o trataremos

> bem, porque Javé prometeu coisas boas para Israel". Hobab respondeu: "Não vou. Prefiro voltar para a minha terra natal". Moisés insistiu: "Não nos abandone, porque você conhece este deserto e os lugares onde podemos acampar. Você pode ser o nosso guia. Se você for conosco, nós repartiremos com você as coisas boas que Javé nos der e o trataremos bem".

Pelos textos apresentados, conclui-se que o valor econômico pode estar na vida em si ou naquilo que a mantém. Em ambos os casos, utiliza-se o adjetivo *tov* para tal referência.

2.2.3. *Reputação*

Mais um significado é atribuído aos contextos de *tov* no texto bíblico: a fama, ou melhor, a reputação. Harris, Jr e Waltke (1998, p. 568) mencionam exemplos como o de Isaías 56,5, em que ter um bom nome é melhor do que ter descendentes: "eu lhes darei na minha casa, dentro de minhas muralhas, um lugar e um nome que valem mais do que filhos e filhas; darei a eles um nome eterno que nunca desaparecerá". Nesse texto, Javé diz ao estrangeiro que, se fizer com ele aliança e cumprir as práticas da justiça, receberá reconhecimento diante dos outros, isto é status. Ter bom nome, nesse contexto, está ligado a ter uma posição e um pertencimento a um grupo.

Também é citado Jó 34, em que Eliú desafiou seus companheiros a determinar o que era bom, direito e justo para eles (Jó 34,4). Jó intervém reconhecendo em Eliú, que estava, porém, sendo punido injustamente, esses elementos. Ainda que haja toda uma simbologia no texto, com a representatividade de cada personagem, a ideia é de que *tov* seja destacado e reconhecido por seus frutos.

Outra situação semelhante é a descrita em 1 Samuel 3, quando Eli chama Samuel e o questiona sobre o que Javé havia lhe dito. Após Samuel lhe contar tudo, "Eli comentou: "Ele é Javé. Que ele faça o que lhe pareça melhor" (1Sm 3,18). O *tov* de Javé para Samuel foi estar com ele até que ser reconhecido por todos como profeta, como aquele que trazia ao povo as palavras de Deus. Como diz o texto: "E todo o Israel, desde Dã até Bersabeia, ficou sabendo que Samuel era um profeta confirmado por Javé" (1Sm 3,20).

Além disso, a ideia também se expressa por meio do fazer algo prático e bom, ou seja, a fazer aquilo que é certo, a exemplo de Jeú em 2Reis 10,30. "Javé disse a Jeú: 'Porque você agiu bem, fazendo o que eu aprovo, e tratou a família de Acab como eu queria, os seus filhos sentarão no trono de Israel até a quarta geração'". Nesse caso, Jéu não seguiu de coração as recomendações de Javé. Entretanto, a prática dos mandamentos de Deus e reconhecimento de sua família perduraria até a quarta geração. Sentar-se no trono de Israel é naturalmente estar em reputação elevada, destaque, posição superior às demais.

Semelhantemente, em 1Sm 1,8, Elcana, marido de Ana, lhe pergunta: "Ana, por que você fica chorando e não come nada? Por que você está triste? Por acaso, eu não sou melhor para você do que dez filhos?". Novamente, a expressão "melhor que" é tradução do adjetivo *tov*. Elcana afirma, diante de sua esposa, ter reputação suficiente para estar acima dos dez filhos.

A reputação, de certa forma, pode estar ligada às perspectivas morais. "Bom" e "reto", são muitas vezes paralelos para designarem a bondade moral (2Cr 14,1; 31,20). Fox (1973) associa *tov* às questões morais ao analisar os textos de Oseias e perceber que o comportamento moral do povo de Israel está associado ao abandono ou à vivência do *tov* divino.

Van Gemeren (2011, p. 353) fala sobre o sentido ético da tradução do termo em alguns textos, o que pode ser associado ao sentido moral, uma vez que a moralidade e a ética estão intimamente conectadas. O autor afirma que "o sentido ético que pode ser atribuído a *twb/ytb* é bem representado em Miqueias 6.8": "Ele te declarou, ó homem, o que é bom e o que é que o Senhor pede de ti: que pratiques a justiça, e ames a misericórdia, e andes humildemente com o teu Deus". Sobre isso, pensando no que é "bom" aos olhos de Deus sobre o comportamento humano, VanGemeren (2011) indica textos como os de Salmo 14,1-3; 37,3.

Além disso, sobre termos em paralelo, tem-se *mishpat* (Jó 34,4; Mq 6,8) e *yashar* (Dt 12,28; Jr 40,4) com a ideia de justiça, retidão, confiança. Portanto, há o caminho bom e direito a ser seguido, que é, segundo VanGemeren (2011, p. 356) "caracteristicamente, dever do profeta ensinar, também conhecido na literatura sapiencial como o 'caminho do bem' (Pv 2.20) e o 'caminho da vida' (5.6; 6.23)". O autor retrata que, na literatura sapiencial em Provérbios e Eclesiastes, seus autores preocupam-se muito com a definição daquilo que é bom na vida, por meio, muitas vezes, de comparação/contraste ("melhor é..."; cf. Pv 12,9; 15,16-17; Ec 4,6). Em suas palavras:

A expressão "o conhecimento do bem e do mal" na descrição da árvore no meio do Éden (Gn 2.9,17) é muito debatida. De acordo com uma explicação, comer da árvore era adquirir um conhecimento moral além daquele que o Criador pretendia. Alternadamente, a expressão funciona como um merisma e sugere a totalidade de conhecimento que, novamente, não era adequado aos homens (Gn 3.5, 22; cf. 2Sm 14.17). A aquisição de sabedoria, de uma maneira ou de outra, estava envolvida (ver 3.6; cf. Ezequiel 28.6 ["Porque pensas que és sábio, tão sábio quanto Deus..."], numa seção na qual o primeiro homem e o rei de Tiro estão ligados num holograma verbal). Era, de qualquer forma, o ato original de delimitação atravessando o Gênesis, pelo qual os primeiros homens puseram-se a discutir com o seu Criador e afastaram-se dele (cf. Gn 6.1-3;11.1-9). Semelhantes questões estão presentes na discussão da afirmação em Isaías 45.7, de que Deus "cria o bem e o mal", uma expressão que tem sido tratada de maneira diferente tanto na história transacional como na litúrgica (...). Em vez de considerar Deus a fonte ou a causa direta do mal, o verso pode balançar entre alternativas dualísticas, ao reivindicar que ele é o criador das polaridades da luz e das trevas/bem e mal, e de todas as coisas intermediárias. É possível que, no contexto do advento de Ciro e dos persas (cf. 44.28; 45.1), o verso esteja refutando a espécie de dualismo não resolvido que, certamente, foi característico do zoroastrismo persa, num estádio posterior, e que já podia ser um aspecto da religião persa no século VI a. C. A habilidade de Deus para tirar o bem dos maus intentos do homem, como

> ficou evidente na história de José (Gn 50.20), proporciona uma ilustração prática de seu poder sobre o mal. (VANGEMEREN, 2011, p. 353).

2.2.4. *Praticar o bem*

Segundo Jenni e Westermann (1978, p. 904), muitas vezes o termo contém um julgamento sobre a adequação de um comportamento, um objeto ou medida para uma pessoa ou para um determinado fim. Se o sujeito da declaração for um homem, não é incluído um julgamento ético, é apenas feita uma referência ao efeito de seu comportamento. Por exemplo, 1 Samuel 19,4-7:

> Jônatas falou bem de Davi a seu pai Saul, e disse: "Que o rei não ofenda seu servo Davi. Ele não fez nada contra você. Pelo contrário: tudo o que ele fez é de grande vantagem para você. Davi arriscou a vida, matou o filisteu, e Javé deu uma grande vitória para Israel. Você viu isso e ficou contente. Agora, não vá pecar derramando sangue inocente, matando Davi sem motivo". Saul atendeu o pedido de Jônatas e jurou: "Pela vida de Javé! Davi não morrerá". Então Jônatas chamou Davi e lhe contou essas coisas. Depois o levou a Saul. E Davi voltou ao palácio como antes.

Nesse texto, *tov* aparece em duas ocasiões, ambas no verso 4. No início, quando Jônatas fala coisas *tov* sobre Davi, e ao final, quando afirma que Davi fez coisas que trouxe grandes vantagens a Saul. O texto afirma que tudo o que Davi fez era tov. Assim como o que Jônatas faz trará bem a Davi, o que

Davi fez trouxe boas coisas a Saul. Pode-se dizer que o *tov* encontra significado prático quando, a partir das ações e falas de alguém, uma situação se torna benéfica.

Alguns textos passam despercebidos em relação a aparição do *tov*. É o caso de Provérbios 31,18, que sobre a mulher diz: "ela sabe dar valor ao seu trabalho, e mesmo de noite sua lâmpada não se apaga". Em uma paráfrase com explicitação do *tov*: "ela percebe que seu produto/comercio é bom". Ao olhar para esse texto em seu contexto, percebe-se que as ações relatadas, as quais a mulher percebe seu valor, são práticas do bem para com sua família.

> Quem poderá encontrar a mulher forte? Ela vale muito mais do que pérolas. Seu marido confia nela e não deixa de encontrar vantagens. Ela traz para ele a felicidade e não a desgraça, em todos os dias de sua vida. Ela adquire lã e linho, e suas mãos trabalham com prazer. Ela é como navio mercante, que importa de longe a provisão. Ela se levanta ainda quando é noite, para alimentar a família e dar ordens às empregadas. Ela examina um terreno e o compra, e com o ganho do seu trabalho planta uma vinha. Ela se prepara para o trabalho com disposição, e põe em ação a força dos seus braços. Ela sabe dar valor ao seu trabalho, e mesmo de noite sua lâmpada não se apaga. Ela estende a mão ao fuso, e com os dedos sustenta a roca. Ela abre as mãos para o pobre e estende o braço para o indigente. Quando cai neve, ela não teme por seus familiares, porque todos eles têm roupa forrada. Ela tece mantas e se veste de linho e púrpura. Seu marido é respeitado no tribunal, quando se assenta entre os juízes do povo. Ela fabrica tecidos para vender, e fornece cinturões para

> os comerciantes. Ela se veste de força e dignidade, e sorri para o futuro. Ela abre a boca com sabedoria, e sua língua ensina com bondade. Ela supervisiona o andamento da casa, e seu alimento é fruto do seu trabalho. (Provérbios 31,10-27).

O texto de 1Rs 12,7 também exemplifica a questão: "Eles disseram: 'Se hoje você se colocar a serviço desse povo, se você o servir, e se você responder para eles com boas palavras, então eles se colocarão para sempre a seu serviço'". Também é possível mencionar 2Cr 10,7: "Eles disseram: 'Se você se mostrar bom para com esse povo, se você for benevolente e souber falar com ele, todos serão seus súditos por toda a vida'".

A prática do bem visando o outro é implícita ao *tov* e, naturalmente, a partir do que apontam os textos, o contexto gera uma via de mão dupla. Fazer o *tov* tem, por consequência direta, receber o *tov*, não como uma recompensa divina, mas como uma recompensa natural de uma engrenagem que aparentemente funciona no sistema do "eu faço por alguém e alguém faz por mim".

2.2.5. *Estética*

O vocábulo pode também ter a denotação de bondade estética ou sensual, que descreve a beleza ou a desejabilidade. Como exemplo, pode-se mencionar o texto de Gn 6,2, em que lemos que as "filhas dos homens" eram desejáveis para os "filhos de Deus", assim como a beleza de Rebeca (Gn 24,16) e a beleza de Bate-Seba (2Sm 11,2) faziam delas mulheres atraentes aos olhos dos homens. No entanto, o termo não se aplica apenas às mulheres; em 1 Samuel 16,12 diz que Davi tinha uma aparência *tov*: "Jessé mandou chamá-lo e o fez entrar: era ruivo, seus olhos eram belos, e tinha boa aparência. E Javé disse: 'Levante-se e unja o rapaz, porque é esse'".

Assim, não somente as ações, os sentimentos, o benefício obtido são *tov*, mas é *tov* também aquilo que aos olhos é bom, bonito, agradável. Em Gênesis 3,6, quando a mulher olha para a árvore do conhecimento do bem e do mal e a deseja, a expressão utilizada é *tov*, traduzida nas diversas versões como agradável, desejável, de boa aparência. Nesse ponto, é interessante ressaltar que, ainda que o texto de Gn 3 traga uma consequência ruim ao acesso do fruto da árvore, a árvore em si não é considerada ruim. Em paralelo às definições já apresentadas, pode-se afirmar que a árvore é boa quando mantém sua função e seu local. Ou seja, é possível afirmar que elementos *tov* perdem sua característica ao serem utilizados de forma inversa à função que lhe foi dada. Sua bela aparência se esvai quando sua aplicabilidade difere da função que lhe foi proposta.

Ainda dentro do campo estético, é possível mencionar o prazer experimentado por meio dos órgãos do sentido, como em Jeremias 6,20 em que está implícito tal prazer ao descrever certa cana aromática como sendo a "melhor". Da mesma forma, há a opinião de Naamã de que as águas de Damasco eram "melhores" do que as águas barrentas do Jordão (2Rs 5,12). A desejabilidade daquilo que agrada aos sentidos está presente, também, na descrição de uma vindima como melhor do que outra (Jz 8,2). Além disso, descreve o ouro "puro" de Havilá (Gn 2,12); a alta qualidade de óleos aromáticos (Ct 1,3); obra artesanal de qualidade (Is 41,7) e a qualidade ou nobreza do caráter humano.

O *tov*, aparentemente, se mostra de início por meio da ótica e outros sentidos. Talvez seja possível afirmar que *tov* é reconhecível muito antes de suas consequências se apresentarem por meio das práticas e ações cotidianas, como se seu instinto fosse chamativo o suficiente para reconhecer que é bom.

2.3 *Tov associado a javé*

Observados os principais significados de *tov* e suas definições nos dicionários apresentados, o presente tópico pretende propor uma associação entre eles e o uso do termo aplicado a Javé em alguns textos bíblicos. Isso quer dizer que, além da aparição do termo nos diversos contextos mencionados, é possível observar seu uso para a adjetivação de Javé e suas ações nos diversos textos do Antigo Testamento que serão mencionados.

Um dos textos que se apresenta com o uso de *tov* em relação a Javé é o de Isaías 39,8, o qual descreve a palavra de Javé como *tov*. Além dele, em textos como o de Miqueias 3,2 e 6,8, Amós 5,14-15 e Jeremias 22,15-16, é frequente o uso do termo nas menções dos atos de justiça, juízo, misericórdia e retidão por parte da divindade.

A partir desses textos, alguns questionamentos se impõem: em que contextos Javé e suas ações são *tov*? Em que consiste a teologia do *tov* de Deus? Ou seja, é possível que, ao descrever a criação de Deus, vista por ele mesmo como *tov*, tenha-se primariamente uma teologia sobre o *tov* no divino? O *tov* da criação poderia, então, espelhar uma teologia do *tov* que encontra-se em Javé? Diante de tais problemáticas, o tópico dedica-se a apresentar alguns textos e seus contextos, do adjetivo aplicado à divindade e, posteriormente, uma proposta para responder a essas suscitações.

É possível começar pelo profeta Jeremias, a partir do capítulo 30, no contexto da restauração de Israel e Judá após o exílio babilônico. Quando a prática literária no meio do povo de Israel se torna mais frequente, encontram-se diversos oráculos de Javé, com a promessa de que tudo aquilo que pertencia ao povo de Israel seria novamente colocado em suas mãos.

O cenário que o escritor descreve para seus leitores é de um sofrimento tamanho que homens gritam e sofrem como se sentissem a dor de um parto (Jr 30,6). Além disso, mostra-se a humilhação da exploração estrangeira sobre os israelitas exilados. Aqueles que estão ouvindo a Jeremias, aparentemente, estão tomados de pavor, distantes de suas casas e, talvez, até de suas famílias. Em Javé, encontra-se a esperança de um outro cenário, sem correntes, sem exploração, humilhação, medo ou vergonha, mas com paz, justiça e compaixão (Jr 30,10-11; 18).

A partir do capítulo 31, o texto segue apontando que Javé cuidará de todo o povo em sofrimento, trazendo repouso (v. 2), amor (v. 3), alegria (v. 4-7; 13), união até entre os doentes e feridos (v. 8), e alimento farto (v. 14-25). É diante dessa ambivalência que o capítulo 33 traz mais uma promessa da parte de Javé: paz, cura, felicidade e fim da injustiça. Ao cumprimento da promessa, segundo o profeta, o povo agradeceria a Javé porque ele é *tov*. A ideia da divindade como *tov* é a da divindade que cria o cenário ideal para vivência do povo em comunidade. Aparentemente, esse texto se encaixa nas definições do valor econômico, com a preservação da vida e dos mantimentos, além de bem-estar e a prática do bem. Entretanto, a diferença entre os textos antes mencionados[4] e os textos que apontam para Javé é que, sendo ele Deus, não recebe benefício. Javé não é *tov* com o povo para receber algo de *tov* para si, mas porque isso é parte de sua natureza. "Agradeçam a Javé dos exércitos, porque ele é bom, porque

4 Confira os itens 2.2, 2.2.1, 2.2.2, 2.2.4 na seção anterior.

o seu amor é para sempre" (Jr 33,11). Fox (1973, p. 41-42) afirma que:

> Uma linha de pensamento semelhante aparece em Jer 50:4-6, onde o povo se apega a Javé e faz uma aliança com ele como uma continuação de sua "busca a Deus". Além disso, o fato de Israel buscar Javé e temer sua "bondade" é claramente a antítese da situação atual descrita em 3:1, ou seja, a deslealdade de Israel em se voltar para outros deuses. Assim, é provável que temer a "bondade" de Deus signifique mostrar lealdade à sua aliança. Em Os. 3:5 significa "levar a sério, respeitar", no sentido de respeitar um *yow* ou um pacto.

Ainda no livro de Jeremias, num aparente diálogo entre Joaquim, rei de Judá, e Javé, atos de justiça e de direito são mencionados. Nesse contexto, Javé faz o seguinte questionamento a Joaquim sobre o que seria conhecê-lo:

> O seu pai não comeu e não bebeu? Pois ele fez o que é justo e o que é direito, e no seu tempo tudo correu bem para ele. Ele julgava com justiça a causa do pobre e do indigente; e tudo corria bem para ele! Isto não é conhecer-me? — oráculo de Javé. (Jeremias 22,15b-16).

O texto induz a ideia de que as práticas do pai de Joaquim demonstravam conhecimento sobre Javé e sua maneira de ser ou agir. Se posteriormente Javé compara tais atos com conhecer a si, e a justiça mencionada é *tov*, é possível afirmar que Javé é *tov* porque é em si mesmo que estão as definições que implicam o termo.

No livro dos Salmos, a expressão *tov* em referência a Javé aparece 29 vezes. No capítulo 25, o adjetivo é aplicado a Javé pois ele tem compaixão, guia os pobres com direito, aponta o caminho da felicidade e da conquista de bens, livra da angústia e protege da violência. No capítulo 34, as indicações são muito próximas, isto é, Javé é *tov* pois põe fim à fome, protege os justos, promove a paz e a alegria, liberta da angústia e do medo. O Salmo é um louvor de gratidão dos pobres violentados que alcançam a justiça e voltam a ter acesso ao alimento e à segurança.

Já nos textos de Salmos 52,9 e 54,6, por exemplo, apresentam-se as ações dos seres humanos injustos que possuem prazer na maldade, que se sentem orgulhosos de sua riqueza enquanto outros sofrem calamidades. O salmista propõe que Javé é o oposto disso, e que, por isso, deve ser celebrado e adorado - ele é *tov.*

Escrevendo sob outro ponto de vista, os Salmos 73, 84, 100, são uma lembrança do que é *tov* em Javé a partir da advertência quanto ao fim daqueles que acumulam riquezas pela injustiça. O salmista, ao ver a prosperidade material daqueles que não agem pela compaixão e misericórdia e seus fins, se apega a Javé porque ele é *tov*. No Salmo 84,10-11 é interessante notar que Javé é comparado ao sol e ao escudo, e a afirmação do autor é de que vale mil vezes mais estar nos átrios de Javé do que em qualquer outro, pois ele é *tov.*

O texto no original hebraico traz o termo *chatser,* que foi traduzido nas versões brasileiras mais utilizadas (Nova Bíblia Pastoral, ARA, NVI E ARC) como estar no átrio. Entretanto, o significado mais correto do termo é tribunal, que pode revelar grande diferença – a saber, apenas a versão NTLH utilizou a palavra "templo". A discussão se faz interessante uma vez que teologicamente o templo e o tribunal tem representações de destaque para o povo no período do exílio e pós-exílio, contexto em que os Salmos foram produzidos. Por isso, estar debaixo de um julgamento divino ou estar no centro de seu templo, em referência ao local indicado, *chatser,* é estar no centro dos sentimentos de Deus. Esse centro é o que atualmente chamamos de coração e se assemelha ao átrio. Isso significa dizer que os julgamentos, os espaços e a habitação de Javé refletem seu *tov.* Semelhantemente, afirmar que ele é o Sol e esse Sol, portanto, é *tov*, demonstra uma antítese ao que *Marduk* como Deus do povo que dominou os israelitas apresenta.

Os Salmos 106, 107 e 118 possuem algo em comum: os três iniciam com um convite de celebração a Javé porque ele é *tov* e misericordioso. As traduções em português variam na forma como traduzem o texto, mas em todas elas os três textos são iniciados de forma semelhante. Na versão Nova Pastoral (2014), por exemplo, temos: "Celebrem a Javé, porque ele é bom, porque eterno é o seu amor!".

Os três Salmos apresentam questões em comum quanto à celebração de Javé como *tov*: o retrato de um povo oprimido, desterrado, que reconhecia os erros dos seus antepassados, e que apesar deles recebeu o resgate por parte de Javé, que lhes providenciou justiça, juízo, misericórdia, alegria, fim da angústia, da necessidade básica e da opressão. Em uma sequência muito semelhante à anterior, os Salmos 135,3, 136,1, 145,9 e 147,1 também são um convite ao louvor de Javé por ele ser *tov*.

Seguindo esse ritmo, no texto de Esdras 3,11, em um período de reconstrução de Jerusalém e reorganização social dos judaítas, há a citação desse convite: "Louvaram e agradeceram a Javé, 'porque ele é bom, porque o seu amor é para sempre em favor de Israel'". Os livros das Crônicas seguirão o mesmo movimento. Em 1Cr 16,34, 2Cr 5,13 e 7,3, haverá repetidos lembretes de que Javé deve ser adorado, pois ele é *tov* e seu amor dura para sempre.

A ligação entre esses textos é importante, uma vez que há um mesmo contexto que move a escrita por parte dos autores. As temáticas são próprias de expatriados, ou daqueles que, retornando à terra, precisavam reconstruí-la. Além de serem todos servos de uma outra nação, seja diretamente ou por meio de taxas e impostos, são pessoas qe perderam em diversos sentidos da vida a liberdade de ser e fazer. Há uma ideia por trás de todos os textos em que de um lado está o caos e a injustiça e, de outro, a organização e a justiça. Javé é bom porque devolve as coisas aos seus devidos lugares.

Existem diferentes termos e definições para *tov*. Todos eles, entretanto, como se mostra aqui, podem ser expressos dentro de temáticas maiores como justiça, dignidade e harmonia - temas que serão mais bem desenvolvidos no próximo capítulo.

CAPÍTULO 3

A SÍNTESE DE *TOV* COMO JUSTIÇA, DIGNIDADE E HARMONIA

Neste capítulo, o foco está na reflexão e reunião dos principais significados de *tov* em torno de três conceitos: a justiça, a dignidade e a harmonia. Ainda que esses termos não tenham sido utilizados como titulação dos principais significados de *tov* no capítulo 2, tópico 2.2, muitos dos dicionários utilizados no tópico 2.1 trazem tais conceitos como propostas de possíveis traduções para ele.

É o intuito, portanto, compreender como os textos bíblicos que utilizam *tov* em contextos de bem-estar, valor econômico, reputação, prática do bem e questões estéticas (titulações utilizadas nos subtópicos do capítulo anterior) contribuem para uma proposta social que se comunica com a ideia de mundo expressa na criação, em que a harmonia, a dignidade e a justiça são as bases estruturais da vida humana. A consideração feita para que este capítulo se justificasse é de que, primeiramente, o mito (um meio de comunicar e propor uma forma de ser de um grupo) da criação é produzido em um contexto caótico. Entretanto, há nele a repetição de um termo que expressa uma realidade contrária àquela vivida pelos seus autores e, por isso, merece atenção. Em segundo lugar, porque objetiva-se o entendimento do efeito do texto nos períodos que se sucederam, dos possíveis efeitos para os dias atuais. Além disso, como a já apresentada leitura crítica da Bíblia propõe (1.3), o texto é escrito e posteriormente editado nos mesmos espaços temporais em que foram os demais textos do pentateuco, livros históricos e proféticos.

Portanto, a utilização do termo entre os grupos de escritores pode conter sentidos conexos que nos levem a perceber a mensagem social, e a expressão do indizível, por meio da repetição do *tov*.

A questão objetiva que o presente capítulo suscita é sobre *tov* ser o termo hebraico que reúne em si ideias e conceitos expressos nas referidas terminologias, revelando sua expressão máxima e seu cumprimento prático por meio da narrativa de Gênesis 1,1–2,4a. Ou seja, a narrativa, que pode ser descrita também como uma poesia mitológica, capaz de nortear os rumos sociais de um povo, contém o eixo de ligação e o cumprimento do ideal de justiça, de dignidade e de harmonia que podem ser aplicados em tempos e contextos sociais os mais variados possíveis.

Antes de seguir com as possíveis conceituações, é curioso notar que as temáticas da justiça e da dignidade são sempre propostas a partir dos textos proféticos. Ainda que a narrativa da criação contenha todas as indicações já mencionadas anteriormente, não é comum encontrar estudos sobre justiça e dignidade a partir dela. Os textos escolhidos para esses assuntos, quando se propõe um referencial teórico bíblico, são notadamente os textos proféticos e os sapienciais. Em busca pelas principais revistas teológicas sobre a temática da justiça e da dignidade, raras são as vezes em que os temas são abordados a partir do relato da criação. Considerando essa primeira mitologia da origem criada pelos hebreus como contraponto à situação de completa injustiça em que se encontravam, faria sentido que os escritos sobre justiça para o nosso tempo, no sentido da justiça bíblica, cristã, teológica, com efeitos práticos, a tivessem como ponto de partida.

Como se verá no próximo tópico, o mito da criação na Bíblia Hebraica é um verdadeiro poema de justiça que nos convida a viver de forma digna, expressa e reconhecida por meio da harmonia.

3.1 Justiça como síntese do bom da criação

É certo que o tema da justiça, primordial para uma estrutura social saudável, perpassa as sociedades mais antigas até as atuais. Pensando numa sociedade antiga como a Babilônia, a justiça é explicada no *Enuma Elish* por meio da vitória de *Marduk* em uma batalha sangrenta. Desse modo, a justiça para uns significa a morte de muitos outros. Foi necessário que uma parte do panteão fosse assinada para que *Marduk* fosse considerado um deus de justiça. Em resposta à essa posição, a Bíblica Hebraica propõe que *Elohim* faz justiça sobre todos por meio de sua criação, que é essencialmente boa, sem necessidade de morte, violência ou sangue. São duas propostas diferentes para o entendimento do que é justiça e, além disso, do que é a justiça a partir do ser divino.

Nos mitos babilônico e hebraico, há não apenas uma diferença crucial entre a forma de compreender o divino e vivê-lo, mas também uma oposição na forma de compreender a justiça enquanto prática social. Assim, faz-se necessário uma revisão do que é justiça a partir dos conceitos bíblicos, para que se possa compreender o adjetivo *tov* como tradução de uma sociedade justa. Afinal, se o *Enuma Elish* é uma expressão de justiça e Genesis 1-2,4a também o é, estamos diante de um conflito de definições: o que de fato significa justiça? O questionamento é necessário, pois é preciso estabelecer o que o termo justiça quer comunicar para a teologia cristã quando instaurado o processo hermenêutico do referido texto na contemporaneidade.

A resposta para essa pergunta não é simples, e poderia ser feita ao longo dos tempos para diversos seres humanos, em diferentes contextos e condições sociais, de forma que as respostas, naturalmente, seriam diferentes umas das outras. Inclusive os membros de uma sociedade, posicionados em diferentes classes, certamente teriam respostas diferentes, algo que fica claro nos livros do Antigo Testamento. A exemplo do livro de Jó que, para Pixley (2011, p. 55), é um dos textos mais emblemáticos na Bíblia quando o tema é justiça, apresentando diferentes percepções nos discursos do personagem principal e de seus amigos. Também em outros textos, como Ester, Rute, Cântico dos Cânticos, Lamentações, Jonas e Judite, percebemos literaturas de resistência contra as injustiças de seus tempos (VEJAR, 2016).

Os textos proféticos são nítidas expressões dos dilemas sociais vividos em Israel e nos arredores, por conta da falta de justiça ou do abuso de poder. Vaz (2012) menciona alguns textos emblemáticos sobre a distorção da justiça pelos líderes israelitas como, por exemplo, 2Sm 12,1-15 em que Natã acusa Davi por sua injustiça e abuso de poder, ou em 1Rs 21 em que Elias acusa o rei Nabot de ter manipulado a justiça, agindo contra as ordenanças divinas. Ainda no livro do profeta Amós, semelhantemente, é manifesto o repúdio de Deus aos cultos prestados nos santuários, já que a piedade e a misericórdia não faziam parte da prática dos adoradores que ignoravam a verdadeira justiça de Deus. Inclusive:

> Para Amós, o critério decisivo que marca a autenticidade daquilo que o orante diz ao céu é a justiça que ele faz na terra. Se o culto é autêntico, o que o orante diz ao céu produz justiça na terra. O que torna verdadeiro o culto não é só o que o fiel diz ao céu mas a justiça que ele pratica na terra. A falta

> de justiça e de retidão era gravíssima, porque a fé bíblica via Israel como tendo sido eleito e libertado para ser modelo de justiça e equidade entre os povos. (VAZ, 2012, p. 5).

Não só Amós, mas também os demais profetas, estão empenhados em demonstrar que a justiça de Deus é uma justiça partilhada em comunidade, é, portanto, justiça social. Oseias, contemporâneo de Amós, seguindo o mesmo caminho, foi ousado em desafiar a lei escrita caso não orientasse para uma relação humana justa. Em seu texto, Oseias propõe uma relação tão íntima com Deus quanto a relação conjugal, que deve, obrigatoriamente, trazer prosperidade às relações comunitárias. Isaías, Miqueias e Jeremias também surgem como profetas dedicados à denúncia da opressão, da exploração e dos abusos de poder praticados por meio da distorção da Lei e das cobiças egocêntricas dos mais nobres.

Não diferente disso, o texto de Gênesis 1,1–2,4a, como anteriormente proposto por Schwantes (1989), se apresenta como uma profecia, no sentido em que se mostra como uma expressão de repúdio ao contexto da época de produção, de protesto às práticas que os escritores presenciavam, de antítese à fé baseada na guerra e no derramamento de sangue, numa sociedade que se estruturava nos pilares da hierarquia do humano que abusa de outro humano, pautado no privilégio de ser um escolhido para representar as divindades. O mito da criação hebraico é um texto de expressão fundamental na definição da justiça dos exilados, uma vez que, como já demonstrado, sua função é justamente a de dar sentido a uma realidade específica, apresentando possíveis respostas ao que está obscuro para aquela comunidade de fé.

Ele é imagético, simbólico, norteador e indispensável. Talvez seja por isso que, sobrevivendo às gerações, o livro tenha sido posto em primeiro lugar no cânon da Bíblia Hebraica. Nele, o herói, o ator principal da trama, é Deus, que dá ordem à desordem, dá vida ao vazio, dá equilíbrio às disfuncionalidades da realidade humana. Tudo isso certamente representa um fôlego aos que estão devastados pela escravidão, pela exploração, pelas perdas e pelo cansaço. Rossi e Perondi (2022, p. 69) comentam que "no mito também encontramos a ação dos deuses. Os deuses podem ser considerados os verdadeiros protagonistas dos mitos". Assim, é possível conjecturar que o efeito do mito na vida social do povo é muito diferente do efeito dos relatos históricos ou proféticos. A mitologia serve como liturgia que ilumina os passos para o porvir.

O texto certamente vai na contramão das imposições dos líderes religiosos, dos que ocuparam os lugares de sumo-sacerdote, dos que estavam percebendo os erros da nobreza antes mesmo de serem deportadas. Vai na contramão das muitas histórias narradas em livros como Juízes, Reis, Josué, que entendiam a justiça de Deus por meio da guerra. O texto vai, também, contra muitas ordenanças e atos narrados em Levíticos e Deuteronômios. Vai contra a religião que se forma em torno do Templo sob liderança de Esdras. O texto subverte ideias, valores, crenças e estruturas sociais quando lido e interpretado à luz de seu contexto. Ainda que, com o passar do tempo, o texto tenha sido utilizado para manipulação de discursos de domínio, soberania e xenofobia ou, até mesmo, em períodos mais próximos, como um modo de combate ao avanço da ciência na área das origens humanas, não há como contestar que o mito está na contramão de qualquer modelo social e religioso que diferencie seres humanos por quaisquer motivos. Nele, todos os seres humanos são imagem e semelhança de Deus.

A busca pela definição de justiça por meio de histórias, imagens, narrativas e mitos, não é uma particularidade da Bíblia Hebraica, nem da cosmogonia babilônica. Esse fato reforça ainda mais a hipótese de que, intencionalmente, o autor do texto tenha tentado, a partir da obra da criação, ensinar conceitos importantes ao seu povo, desconstruindo o que estava na percepção comum, reforçada e oficializada pelos santuários. O tema já era, há muito tempo, motivo de disputas e reformas políticas até mesmo entre os grupos mais avançados daquela época, pois a imagem e a mitologia eram as formas de definir seus conceitos.

Na Grécia Antiga, por exemplo, a subversão da ideia de justiça acontece por meio da imagem e do conto. As Deusas da justiça *Themis* e *Díke* eram apresentadas com uma balança em uma das mãos e uma espada em outra. *Themis* possuía seus olhos vendados, enquanto sua sucessora, *Díke*, estava de olhos bem abertos. São duas representações de justiça diferentes em meio a uma mesma cultura, diferenciadas apenas pelo tempo e pela mudança de concepção que se tem do termo. As representações possuem muitos sentidos e a presença ou a alteração de um elemento ou da posição pode dizer muito sobre o conceito que se construía para tal grupo social.

No caso das deusas gregas, houve a mudança de status dos olhos fechados para os olhos abertos. Salgado (2012) explica que a forma nas representações alterou os padrões até então aceitos na Grécia Antiga, que estavam nas mãos dos nobres, aos quais cabiam a interpretação do que é ou não justo. Baseados na ideia e no caráter divino de *Themis*, deixavam a cargo dos reis decidir sobre todas as questões, de forma oral, como porta-voz dos deuses. Isso significa dizer que a justiça se moldava a partir das dinâmicas, interpretações e emoções daqueles hierarquicamente acima de todos.

Por isso seus olhos vendados, em demonstração da falta de clareza e a presença da abstração.

Por volta dos anos 650-550 AEC, mesmo período em que o mito da criação hebraico provavelmente foi escrito, um legislador e filósofo chamado *Solón* se empenhou nas mudanças desse conceito. A busca era pela substituição da imagem abstrata de justiça, que vinha dos eupátridas, para uma justiça que vinha dos homens, baseadas em leis escritas, claras e concretas. Complementando a explicação, Salgado (2012) apresenta em seu artigo sobre a temática, um poema de Hesíodo escrito no século VII AEC – anterior ao texto de Gênesis, portanto – sobre a origem dos deuses, sendo *Themis*, filha de *Urano* e *Gáia*, a deusa da lei divina. Ela se une a *Zeus* e tem como filha as *Horas*, que são Equidade (*Eunomia*), Justiça (*Díke*), Paz (*Irene*) e as Moiras. O poema expressa:

> Após desposou Têmis luzentes que gerou as Horas,
> Equidade, Justiça e a Paz
> Viçosa que cuidam dos campos dos perecíveis mortais,
> e as Partes a quem mais deu honra o sábio Zeus,
> Fiandeira distributriz e inflexível que atribuem aos homens
> mortais os haveres de bem e de mal
> (Hesíodo *In:* SALGADO, 2012).

Por meio do poema, percebe-se que alguns elementos fazem parte de uma busca intrínseca do ser humano há milênios. Substantivos como equidade, justiça e paz são divinizados, têm a incumbência de cuidar do mundo dos mortais e são considerados como divindades de maior honra. A semelhança ao *Enuma Elish* é perceptível, uma vez que

Marduk ganha seu lugar de honra quando é visto como o Deus que fez justiça ao panteão e trouxe equidade e paz.

A Deusa *Díke*, no cenário da justiça grega, é aquela que, diferente de sua mãe *Themis* e seu pai *Zeus*, retira-se do panteão divino para tornar-se terrena. *Díke* é, nessa concepção, a encarnação da justiça. É assim que sua imagem facilita a identificação do abstrato. Na representação, seja ela por escultura ou poesia, o abstrato ganha contornos e se mostra palpável até para os que não são especialistas nas áreas de conceituação, como filósofos, teólogos, juristas e outros.

Da mesma forma, os escritores bíblicos buscavam apresentar imagens de justiça como um contraponto à injustiça que viviam, procurando explicitar o que, de fato, compreendiam como o significado concreto desse termo. A justiça, representada na luz (Pr 4,18-19), no sol (Ml 3,20), nas vestes (Is 59,17), no cinto (Is 11,5), e até mesmo nas estrelas (Dn 12,3), muitas vezes também representada no trono, na espada, na balança, entre outros elementos que até os dias de hoje são utilizados para falar do tema, são tentativas de tornar palpável um conceito tão abstrato e dinâmico. Por isso, trazer um quadro de definição em que os elementos conhecidos pelos ouvintes e leitores, além de serem os elementos partícipes do culto de seus exploradores, fazia todo sentido. No caso de Gênesis 1,1–2,4a, fazê-lo por meio da origem pode ser compreendido como uma tentativa de tornar estático alguns fundamentos essenciais à conceituação.

Isso significa dizer que, em qualquer tempo, ao menos nas culturas ou grupos em que o texto da Bíblia Sagrada é utilizado, as expressões de justiça que são dinâmicas para atender novas demandas não podem abandonar os fundamentos elementares e estáticos para o alcance de uma sociedade justa. A harmonia coletiva, a igualdade e o reconhecimento do bom no outro podem ser exemplos fáceis de se extrair da narrativa. Ainda que pareça natural afirmar que o sol, a lua e os seres vivos do mar são bons, e pareça natural dizer que o homem e a mulher são ambos criados à imagem e semelhança do divino, para aquele tempo se tratavam de expressões revolucionárias, modificadoras da dinâmica social exploratória. Isso se torna ainda mais significativo quando se considera que tais elementos eram frequentemente usados para legitimar ações truculentas por parte dos detentores do poder, que atribuíam à divindade a responsabilidade por seus atos reprováveis.

Segundo Silva (2018, p. 55), em referência à construção da justiça em todo o Antigo Testamento, e não apenas ao texto das origens, muitos símbolos acabam passando despercebidos em nossas leituras atuais como símbolos conceituadores. O próprio termo *ruah*, traduzido como "espírito" nas versões atuais da Bíblia, e com a sua rica simbologia em torno de significados básicos como sopro, ar, vento e fogo, também é uma expressão imagética para traduzir a justiça. Textos que apresentam *ruah* em conjunto com a água (*maim*), por exemplo, que aparentemente não teria qualquer relação com a justiça, a simbolizam de forma concreta e palpável. Como explica o autor, os textos mencionam o sopro do julgamento divino (Is 4,4), o sopro da ira como fogo abrasador contra as nações pagãs (Ez 21,36), como a opressiva Assíria. Seu *ruah* é "fogo devorador", "torrente transbordante". Sua ira é "acompanhada de chamas de fogo, de raios, de chuva e de granizo", "como uma torrente de enxofre" (Is 30,27-33). Além disso, os profetas utilizam outras imagens poderosas, como chuvas de pedras e tempestades (Is 28,2; Jr 23,19).

Ainda assim, há quem possa dizer que esses textos não são suficientes para uma conceituação segura. De fato, a conceituação do termo exige bastante cuidado, inclusive ao propor que a justiça seja um dos sinônimos de *tov*, propor que seja equivalente a dizer que o bom da criação se traduz na justiça proposta por Deus para a sociedade ao longo das eras. Com esse reconhecimento, e com vista nos aspectos levantados no capítulo 2 (bem-estar, valor econômico, reputação, praticar o bem, estética) propõe-se, então, um esclarecimento do termo "justiça" a partir dos originais *tsédeq*, que aparece no Antigo Testamento 118 vezes, e *tsedaqah*, que aparece 156 vezes, uma vez que seriam as expressões com tradução correspondente. Vaz (2012, p. 1) explica melhor os termos nas seguintes palavras:

> Na Bíblia hebraica o conceito de justiça dizia-se essencialmente com os substantivos *mišpāṭ*, *ṣedeq* [צֶדֶק] e ṣedāqāh [צְדָקָה]. *Mišpāṭ* significa "juízo", "sentença judicial", "lei" enquanto "direito" objectivo, "veredicto", "decreto", "ordem". Os substantivos ṣedeq e ṣedāqāh têm a mesma raiz. Parecendo sinônimos, poderiam considerar-se distintos entre si: ṣedeq refere-se à "justiça" enquanto ordem criada, num todo bem integrado e harmonioso nas suas várias composições, ordenador das justas relações entre os homens; ṣedāqāh diz sobre "justiça, retidão" enquanto comportamento justo e reto conforme a essa ordem, enquanto "ação salvadora". Autores recentes pensam que ṣedeq e ṣedāqāh têm substancialmente o mesmo sentido: tanto um como o outro poderiam significar "ordem, retidão, justiça, comportamento justo, ação salvadora". "Direito" (*mišpat*) é a ordem de direitos e de exigências que pertence a uma determinada relação e também a ação para manter a pessoa nesses direitos mediante decisões legais justas. Ṣedeq e ṣedāqāh, coordenados em par com *mišpāṭ*, formam uma *hendíadis*, designando a ordem

> estabelecida por Deus na comunidade de Israel e que as pessoas deveriam seguir para se comportarem corretamente. Impressiona o número de vezes em que duas destas três palavras surgem em binómio, sugerindo que cada uma delas complementa a outra. Os atentados contra a justiça são entendidos como ocasionando uma perturbação na ordem cósmica, que só poderia ser restaurada pelo perdão de Deus, não enquanto credor severo que põe em ordem dívidas, mas enquanto criador que repõe o ser humano na sua condição de ser amado por Ele e que repara os danos causados ao cosmo.

As palavras de Vaz, ao final da citação, fazem muito sentido quando olhamos para o texto de Gênesis 1,1–2,4a. Parte deste livro (1.6) revelou o mito como uma organização do caos e dos elementos criados, sem mencionar qualquer punição, castigo ou destruição. Mesmos deuses "maus" do épico babilônico são castigados, punidos ou excluídos - todos eles são apenas recolocados em seus devidos lugares e resgatados em sua originalidade, que é boa. Além disso, ao propor uma igualdade nos significados das terminologias de justiça ṣedeq e ṣedāqāh, com a primeira voltada à ordem criadora e a segunda à ordem comportamental humana, demonstra-se ainda mais que, na mitologia da origem israelita, a simbiose entre a justiça divina e aquela expressa pelos comportamentos humanos (proposta no tópico 2.2) faz todo sentido para a compreensão da mensagem mitológica do público daquele tempo, assim como o de hoje.

Nas perspectivas viáveis ao texto de Gênesis 1,1–2,4a, justiça tem a ver com equilíbrio, com igualdade, com a possibilidade de desempenhar a função para qual foi criado. Vitório (*In:* Silva, 2018, p. 7) explica que:

> A concepção veterotestamentária de justiça (sedaqah) está muito distante da nossa visão corriqueira. Diz respeito a um modo de proceder que torna a ação humana semelhante à de Deus, o justo por excelência (Sl 7,11; 11,7; 145,17; Dt 32,4; Jr 33,16). Quem caminha na justiça dá origem ao tão ansiado shalom, a sociedade do bem-estar e do respeito à dignidade de todos os seres humanos. Sedaqah e shalom são duas palavras muitas vezes associadas na tradição bíblica, como é o caso da sugestiva imagem do salmista: "Justiça e Paz se beijarão!". A ética proposta nos Provérbios visa, em última análise, ao advento da justiça na sociedade. Sua ausência é facilmente perceptível nos graves transtornos sociais, cujas primeiras vítimas são os pobres.

Os textos que associam a justiça às práticas que trazem o bem-estar e a dignidade, como acima mencionado por Vitório, têm sua busca de definições e suas origens nas cosmogonias mitológicas do mundo antigo. Eles estabelecem uma conexão entre o mundo sagrado e profano, representando, respectivamente, o domínio dos deuses e o dos humanos. Silva (2018, p. 76) conclui que, primeiramente, a justiça de Deus se manifesta como organização global do universo e da sociedade. Em segundo lugar, a justiça se revela como salvação e libertação dos seres humanos. Por fim, concretiza-se como ação em favor dos fracos, o que equivale à honra prestada ao Criador.

Colaborando para essa compreensão, Moltmann (2008) propõe que o testemunho apresentado nas Escrituras não é da justiça de Deus como aquela que cuida de constatar o bem e o mal, a fim de dar recompensas a cada um. Antes disso, a justiça de Deus é aquela que cria o direito e o faz cumprir-se na vida do injustiçado. Como se vê:

> Julgar não tem nada a ver com punição, mas com o soerguimento da pessoa e sua salvação, com a colocação de todas as coisas em ordem. O rei precisa, portanto, cuidar para que o forte não prejudique o fraco e que as viúvas e os órfãos não deixem de ser socorridos. Ele deve, igualmente, proteger a nação da exploração. Somente quando conhecemos essas representações do "sol da justiça" poderemos entender que, no Antigo Testamento, o julgamento de Deus não precisa ser temido, mas sim saudado como a salvação para os seres humanos e para a terra: "Ele julgará a terra com justiça". (MOLTMANN, 2008, p. 75-76).

A justiça divina seria a organização do caos, isto é, a devolução de cada ser ao seu devido lugar para que cumpra justamente sua função. Portanto, a justiça divina aplicada aos seres humanos é a concretude e a prática do ser Deus em sua criação. Vaz (2012, p. 2-3) afirma que a justiça divina é um "apelo a um comportamento ético na vida, especialmente pela prática da justiça, da retidão, da autenticidade e da verdade". Isso traduzia-se em Israel na ideia de que o ser humano deveria praticar a "justa ordem estabelecida por Deus na criação do cosmo e do ser humano, segundo um plano de harmonia entre todos os seres". Para Vaz, a prática da justiça é "uma força cósmica envolvente, ordenadora das justas relações entre os homens" que harmonizava a vida de acordo com o plano divino universal.

Na Bíblia Hebraica, como aponta Silva (2018, p. 71), justiça não é apenas um tema central, mas um conceito fundante, ou seja, uma convicção que dá base à conduta de um povo em sua relação com Deus, e do indivíduo com as demais pessoas e consigo mesmo. Por analogia, a partir do mito da criação hebraico, compreender a ordem cósmica é compreender o próprio Deus. Cumprir as funções designadas aos seres humanos (capítulo 1) ao praticar a justiça por meio da organização do caos é viver a essência divina na terra - trata-se de uma simbiose entre o natural e o espiritual.

O texto de Deuteronômio 31,4 afirma categoricamente que Deus é a justiça. Ou seja, a justiça não é apenas um de seus atributos, mas é a revelação do seu ser. Assim, compreender a justiça é compreender o próprio Deus, e praticá-la é vivê-lo. Aguirre (1990, p. 541) afirma que "compreender que o compromisso pela justiça não é um elemento adicional, talvez importado por modas recentes, mas que surge da entranha mesma da fé em Deus".

Além disso, Vaz (2012) propõe que há em toda a Bíblia Hebraica poucos conceitos tão vinculados a Deus como o de justiça. Isso porque, para os adoradores de Javé a fé não existe separada da justiça. Sobre isso, Silva (2018, p. 71) conclui que "direito e justiça podem ser vistos como fio condutor de todo o plano de Deus na Bíblia, desde a criação até a consumação definitiva no Apocalipse, passando pelo êxodo, pelos profetas, por Jesus".

> A ordem do universo possui como referência o Deus criador, por isso a noção de justiça se encontra com a de criação. O Deus que estabelece os parâmetros da justiça é o mesmo que cria o universo e o mantém. Na criação harmoniosa do universo é que atua a sabedoria como elo entre o Criador e as criaturas

> (Pr 8,22-31). (...) a prática da justiça, em Israel, era reflexo do plano harmonioso para todos os seres. A tsedeq pensava-se como uma força cósmica envolvente, ordenadora das justas relações entre os homens; essas justas relações eram a *tsedaqah*, a "justiça" entre os humanos, que harmonizava a vida com a justa ordem criada ou com um plano divino universal. (SILVA, 2018, p. 77).

Para o autor, a percepção da justiça, assim como a prática dela, está diretamente associada à noção de ordem como organização harmoniosa das relações cósmicas na natureza, das relações sociais entre os seres humanos e do bem-estar das pessoas consigo mesmas. Dizer que praticar a justiça é cuidar dos vulneráveis, dos marginais e das vítimas, é um meio diferente de dizer que é preciso perseguir a harmonia, a ordem, a igualdade, o equilíbrio. Dar condições ao estrangeiro, à viúva, ao órfão, à mulher, à criança, ao doente etc., é uma forma de expressar que todos devem ter condições de desempenhar as funções para as quais foram criados adequadamente, e que ninguém tem o direito de nisso interferir por meio da hierarquia e do poder.

Diante dessa percepção, o cumprimento de qualquer lei que tenha um fim apenas em si mesma não pode ser equiparado à justiça. Justo não é o ser humano que não quebra os mandamentos, justo é o ser humano que cumpre a lei. Ela, por sua vez, deve ter uma finalidade comunitária, ou seja, deve visar a ordem social. Além disso, proporcionar um ambiente favorável ao desempenho da função íntegra de toda criatura inclui, com mesmo grau de importância, todo o cosmo. É necessária uma prática ecológica e sustentável que suporte de forma ajustada a vida nesta terra.

Atualmente, as temáticas ecológicas têm se destacado inclusive nos meios teológicos. No ocidente, a cultura do capitalismo soterrou, em grande parte, a postura humana diante do cosmo. Perdeu-se a noção de que as bases elementares para garantia da vida humana estão na criação. Portanto, é indispensável falar, conjuntamente, na justiça aplicada às questões ecológicas. Para além das relações de exploração humana, tem-se a exploração e posse inapropriada da terra. As guerras, escravizações, explorações humanas e os jogos de domínio e poder estão diretamente ligados à posse. Quem tem mais terra e domina sobre ela, acaba por dominar o outro. A natureza, criada por Deus e pertencente a ele, segundo o mito, não deve ser domínio de alguns, mas proveito e forma de bem-estar para todos. Os humanos, sem exceções, recebem na narrativa hebraica a responsabilidade de cuidar e cultivar a terra.

Moltmann e Boff (2014) tecem críticas à leitura equivocada dos textos bíblicos, em especial das narrativas da criação. Em tais hermenêuticas, a tarefa do ser humano para com o planeta terra foi compreendida como uma condição de substituição de Deus sobre o cosmo. Ou seja, as leituras deram tamanho destaque à importância da criação humana, os quais eles chamam de "coroa da criação", enquanto imagem e semelhança de Deus, que fizeram crer ser essa a espécie essencial à sobrevivência do cosmo, e não o inverso. Ao longo da história, tal visão superestimada do ser humano sobre a terra foi reforçada, com um destaque ainda mais claro na Era Moderna.

Moltmann afirma que "o que determinou o paradigma da Era Moderna foi a tomada de poder dos seres humanos sobre a natureza e suas forças" (MOLTMANN; BOFF, 2014, p. 17). Agora, é preciso saber se o mundo será capaz de sobreviver ao caos ecológico. Essa problemática, segundo Moltmann, se instaura da seguinte forma:

> Porque tanto a relação da Modernidade com a natureza quanto sua concepção de ser humano são determinados pela teologia. Isso se revelou no princípio do domínio do ser humano, criado assemelhado a Deus sobre a criação; a compreensão de Deus dissociada da compreensão do mundo; a percepção do mundo dissociada de Deus e, por fim, o conceito mecanicista da Terra e dos demais seres vivos, os quais deveriam ser subjugados pelo gênero humano. (MOLTMANN Ibid., p. 17).

Se a relação humana com a criação é caótica, a injustiça ainda está presente na sociedade. Portanto, a justiça enquanto soerguimento de todas as coisas, que restabelece a posição de cada elemento da criação conforme seu propósito, é também uma ação de reconhecimento da dependência humana diante da natureza. A vida humana depende do ar, da água, dos animais, das plantas, do solo fértil, do sol, da lua e assim por diante. Isto é, sem eles, não há como sobreviver. É certo que "os seres humanos e a natureza estão intrinsecamente relacionados, que acabam por partilhar não somente das mesmas aflições, mas também da esperança comum de redenção" (MOLTMANN; BOFF, 2014, p. 25). Com isso, pode-se concluir que, onde há choro humano, há choro da terra. Onde o humano é escravizado, a terra também é. Onde o dinheiro é Deus, a terra é o sacrifício vivo.

É preciso, dentro de uma perspectiva de justiça, resgatar a compreensão da vida como um todo integrado entre humanos e cosmo. A problemática em questão não é atual[1], mas sim herança de uma leitura ainda judaica de dissociação da natureza e do humano, que chegou até os tempos mais tardios a uma entrega completa da natureza para as demais áreas como a ciência, a astrologia, a matemática etc. Essa interpretação propõe que o que da natureza fosse possível conhecer e identificar, por meio dos métodos científicos, era contrário a Deus, sem valor teológico. Nessa herança hermenêutica da Bíblia, a natureza serve apenas para dar ao ser humano aquilo que dela conseguir extrair ao máximo. Por isso, cabe aos teólogos comprometidos na atualidade a busca por essa (re)união de todos os elementos (MOLTMANN; BOFF, 2014, p. 27).

Mauri (2018), dissertando sobre o tema em sua pesquisa acerca da teologia ecológica a partir da segunda narrativa de Gênesis, utiliza o termo "integridade" para falar da união desses elementos. Segundo a autora, o princípio da integridade dos elementos criados não é novo, mas pode ser encontrado em culturas de origem americana, africana e asiática - em todas elas existe uma busca pela compreensão das relações e a natureza é tratada como parte dessa grande família. Na tradição cristã, é Francisco de Assis, no século XII, quem irá

1 Moltmann e Boff (2014) advertem que "A interpretação moderna da Bíblia tem destacado o fato de que a compreensão israelita da criação des-divinizou, des-demonizou e, para uma expressão ainda mais atual, secularizou o mundo. *Profana illis omnia quae apud nos sacra* é o que dizem os romanos em sua religiosidade mais mundana se referindo aos judeus ateus. Por meio de sua fé na criação, os judeus aboliram o culto da fertilidade cananeu, tal qual está relatado na saga do profeta Elias. Por isso é que cientistas modernos como Isacc Newton se basearam na Bíblia quando esta rejeitou em sua cosmovisão a concepção aristolética da existência de uma 'alma' no mundo, entendendo, assim, o mundo como mecanismo sem alma".

resgatar essa ideia, ao atribuir aos elementos da natureza a categoria de irmãos e irmãs, que formam, em conjunto com os seres humanos, uma grande família. Pensar em justiça sem pensar na natureza, portanto, seria incorrer num erro de não integridade ou de exclusão. Como se vê:

> O princípio da exclusão, da não integralidade, é, portanto, a nosso ver, o gerador da crise ecológica que se apresenta na atualidade. Entretanto, esta crise ambiental é ampla, envolvendo, além da degradação do ambiente natural, também a degradação da própria estrutura social. O ser humano não se fez senhor somente sobre a criação, mas também sobre o ser igual a si. A humanidade domina e explora os recursos naturais na mesma intensidade e forma que faz com o próprio homem. Por isso, a crise é ambiental e social, pois a raiz geradora é a mesma: a ruptura com o outro (natureza e homem) e a negação da integridade de tudo com todos. O Papa Francisco ressalta que "não há duas crises separadas: uma ambiental e outra social; mas uma única e complexa crise socioambiental" (LS 139). E essa realidade se impõe de forma mais drástica aos elementos da natureza e aos pobres, privando-os da sua dignidade e do direito à existência. (MAURI, 2018, p. 61-62).

Ainda sobre a participação dos elementos da natureza no conceito de justiça, a partir dos parâmetros levantados, Moltamann e Boff (2014, p. 37) advertem que a aliança de Deus para com o cosmo pode ser percebida em textos como o de Gênesis 9,13, em que Deus estabelece o arco no céu como um sinal de sua aliança com a terra. Em Levítico 25,4, isso também pode ser observado: a terra tem por direito desfrutar de um solene descanso, a fim de se regenerar. Já em Isaías 45,8, é dito que da terra brota-se a justiça e a salvação, e que do alto, das nuvens, gotejará a justiça.

A justiça na criação, portanto, é a revelação da plenitude de cada elemento criado, sem exceção. Quando reconhecidos em seus devidos lugares e permanecendo em um ambiente propício para se desenvolver conforme seu propósito original, ela demonstra que são bons. A organização do cosmos, enquanto justiça, consiste em atribuir a cada ser sua forma adequada. A justiça, como conceito abstrato e dinâmico, se confirma na estrutura social em que, independentemente do modelo cultural, possui relações humanas dignas e bem ajustadas que promovem o autossustento, a independência dos seres, o respeito à integridade e a liberdade de ser.

3.2 *Dignidade como concretização da justiça*

O tema da dignidade humana não é novo. A Doutrina Social da Igreja, conhecida pela sigla DSI, muito falou sobre isso, desde o seu marco inicial com a *Rerum Novarum* (RN), de Leão XIII (1891), passando pela *Gaudium et Spes* (GS), do Concílio Vaticano II (1965), até a última grande encíclica social, a *Centesimus Annus* (CA), de João Paulo II (1991), culminando no Compêndio da DSI, do Pontifício Conselho Justiça e Paz (2004). Em todos esses documentos, a promoção, a manutenção e o resgate da vida com dignidade eram pontos centrais, especialmente pelo entendimento de que as Escrituras claramente defendem a dignidade humana (SIENNA, 2009, p. 13).

Segundo o dicionário etimológico da língua portuguesa (CUNHA, 2010, p. 2019), digno é aquilo que é decoroso, honrado, respeitado e reverenciado. Fernandes, Luft e Guimarães

(1997) definem dignidade como qualidade de quem é digno, incluindo padrões como a nobreza, o decoro, a honraria e a respeitabilidade.

Contribuindo para a conceituação do termo, na definição filosófica de Abbagnano (2012, p. 326), a dignidade, vista como "princípio da dignidade humana", refere-se ao imperativo categórico kantiano: "Age de tal forma que trates a humanidade, tanto na tua pessoa como na pessoa de qualquer outro, sempre também como um fim e nunca unicamente como um meio". Isso quer dizer que a dignidade está em ver no outro o mesmo que se vê em si mesmo, e nunca ver o outro a serviço de si. Nesse sentido, é preciso também se atentar à dignidade própria, que Chemin e Souza (2017, p. 266) apresentam da seguinte forma:

> Sobre a dignidade, diz Junges: "a pessoa é fim de si mesma, porque não tem preço e não pode ser usada como meio para alcançar outro fim" que "A dignidade está em última análise, no fato de o ser humano assumir-se como tarefa de auto-realização[-sic]". Donde é possível crer que a busca por tornar-se está nas relações com o outro, na consideração por si e pelo outro na mesma medida, na procura por ser para o melhor, para o bem, e não está em estar bem o significado da vida humana, mas em ser bom.

Há, pelo que se vê, alguns princípios básicos para a dignidade, como o da liberdade e o da responsabilidade consigo e com o outro. O ser humano, em Gênesis 1,27-28 é chamado para cuidar, dirigir e cultivar a criação, o que inclui a própria categoria dos seres humanos criados por Deus. Assim, a liberdade de ser e a responsabilidade de viabilizar que o outro seja, ambos de forma honrosa, respeitosa e qualitativa, cabe a cada ser humano, e não a Deus como um ato de recompensa meritocrática.

No contexto atual, a humanidade disputa espaços de respeito e honra, comumente associados à prosperidade material por meio do acúmulo de bens. Isso ocorre por diversos meios, que incluem a exploração de mão de obra barata, o empobrecimento alheio, a destruição do ecossistema, o exercício de poder sobre os vulneráveis, o esgotamento dos recursos naturais que deveriam suprir a todos etc. Há, ainda, a autoexploração que submete o ser humano a limites físicos e condições psíquicas para as quais ele não foi criado. Como questiona o evangelho de Marcos 8,36: "Pois, que adianta ao homem ganhar o mundo inteiro e perder a sua alma?".

Esse modo de viver faz com que a identidade se perca, e o ser humano, responsável pela gestão e guarda da criação, deixa de saber sua identidade e propósito. Thomas Merton (1999, p. 37) exemplifica isso com o paralelo da árvore, afirmando que "uma árvore glorifica a Deus sendo uma árvore". Desse modo, "quanto mais uma árvore se assemelhar a uma árvore, tanto mais se assemelhará a Deus". E, se Deus é justiça e dignidade, quanto mais o ser humano encontrar a si mesmo e seu papel, mais justiça e dignidade terá e promoverá.

Colaborando para essa ideia, Claus Westermann (2004) e Albert Nolan (1987) advertem sobre o afastamento da humanidade em relação ao propósito criacional, o que faz com que os problemas sociais, políticos, humanitários, sanitários e quaisquer outros, que retiram de todo o povo a dignidade, se tornem problemas a serem resolvidos em nível global. O ser humano, por toda parte do planeta, já não sabe mais quem é, tampouco para que existe, e todas as fugas possíveis desencadeiam, na verdade, no caos pessoal e comunitário.

Para que a criação permaneça muito boa, é indispensável que todos os elementos criados, e o ser humano, como gestor deles, estejam desempenhando adequadamente suas funções, ocupando seus lugares de honra e respeito e desfrutando, da mesma forma, de tudo o que lhes é direito. Além disso, é preciso também lembrar que o texto de Gênesis 1,26 coloca no ser humano a imagem e semelhança do próprio Deus, o que significa dizer que aquilo que faz parte da essência divina, faz também parte da humanidade.

No Catecismo da Igreja Católica, parágrafo 6, afirma-se sobre o ser humano:

> Porque é «à imagem de Deus», o indivíduo humano possui a dignidade de pessoa: ele não é somente alguma coisa, mas alguém. É capaz de se conhecer, de se possuir e de livremente se dar e entrar em comunhão com outras pessoas. E é chamado, pela graça, a uma Aliança com o seu Criador, a dar-Lhe uma resposta de fé e amor que mais ninguém pode dar em seu lugar. (IGREJA CATÓLICA, §6º).

Todo ser humano, pelo fato de ser pessoa, já é digno em si mesmo. Com o esquecimento disso, porém, muito humanos rebaixam outros seres humanos ao status de coisa. Charbonneau (1965, p. 85) afirma que "longe de ser um objeto ou um simples elemento passivo da vida social, o homem é ao contrário; e deve ser e continuar sendo seu sujeito, seu fundamento e seu fim".

Sienna (2009, p. 25-26), conclui que:

> De todo este conjunto de fatores, dons e potencialidades, vistos acima, que caracterizam a pessoa humana, é que resulta sua dignidade: ser animada por um espírito livre, racional, consciente, social, sujeito de direitos e deveres. E sua dignidade deve

> ser absoluta, não pode haver imposição de condições para ser digna, pois a dignidade não pode jamais depender de qualquer tipo de qualificação, quer seja por raça, credo, condição socioeconômica, educação ou cultura. Esta dignidade de pessoa humana deve ser respeitada independente da condição em que viva o ser humano.

Na exortação pós-sinodal de 1988 (*Christifideles Laici* – nº 5), o Papa João Paulo II pediu que todo cristão pensasse nas múltiplas violações a que os seres humanos são submetidos dia após dia, "quando não é visto e amado em sua dignidade", e assim "fica exposto às mais humilhantes e aberrantes formas de 'instrumentalização', que o tornam miseravelmente escravo do mais forte". Em sua exortação, o mais forte é descrito com diversos nomes, como "ideologia, poder econômico, sistemas políticos desumanos, tecnocracia científica, invasão dos 'mass-média'". Ver o outro e amá-lo em sua dignidade é, segundo o Papa João Paulo II, promover a todos seus direitos fundamentais, diariamente violados "em nome de uma excessiva tolerância e até da clara injustiça de certas leis civis", quais sejam: o direito à vida e à integridade dela, o direito à casa, ao trabalho, à participação na política, à liberdade de consciência, de profissão e de fé religiosa.

Dignidade não é somente comer o pão de cada dia, mínimo para sobrevivência. Dignidade é ter reconhecidos seus direitos humanos e sua posição de imagem e semelhança de Deus, independente de credo, cor, etnia, profissão de fé, gênero e orientações sexuais. O bom da criação, que rompe o caos, recoloca todas as pessoas em seu lugar de honra.

Essa ideia é clara não apenas para autores da teologia e da filosofia. Os juristas, da mesma forma, reconhecem que "um indivíduo, pelo só fato de integrar o gênero humano, já é detentor de dignidade" (ANDRADE, 2003, p. 317). Isso quer dizer que a condição humana por si só já torna o indivíduo merecedor de igual consideração, respeito e condições que seus semelhantes. Sarlet (2001, p. 60), no âmbito do direito, define a dignidade da pessoa humana como:

> a qualidade intrínseca e distintiva de cada ser humano que o faz merecedor do mesmo respeito e consideração por parte do Estado e da comunidade, implicando, neste sentido, um complexo de direitos e deveres fundamentais que assegurem a pessoa tanto contra todo e qualquer ato de cunho degradante e desumano, como venham a lhe garantir as condições existenciais mínimas para uma vida saudável, além de propiciar e promover sua participação ativa e co-responsável nos destinos da própria existência e da vida em comunhão com os demais seres humanos.

Corroborando com esse entendimento, Andrade (2003, p. 317) ressalta que a dignidade é um valor universal, que independe das diversidades socioculturais dos povos. Apesar de qualquer diferença física, intelectual, religiosa e cultural, "as pessoas são detentoras de igual dignidade. Embora diferentes em sua individualidade, apresentam, pela sua humana condição, as mesmas necessidades e faculdades vitais".

Considerando tais definições e discursos sobre a dignidade, se torna fácil perceber que, ao longo das Escrituras Sagradas, há um grande e constante esforço pelo resgate da dignidade. São povos oprimidos, explorados, marginalizados que, por meio das profecias e oráculos de justiça, tornam-se alvos da atenção de Deus, que está sempre desejoso para vê-los de volta à vida digna. Textos como o de Ester, em que uma órfã consegue reverter a situação de seu povo ao se destacar entre as demais e ganhar a atenção do Rei para tornar-se sua esposa; de Agar (Gn 16), uma mulher que fora escravizada, estuprada e mandada embora por seu patrão para morrer no deserto, mas que recebe o cuidado de Deus e sua intervenção; de Raabe (Js 2), uma prostituta que livra da morte dois homens de Deus e tem sua virtude reconhecida; dentre tantos outros relatos de reconhecimento do valor e da importância de pessoas rebaixadas, esquecidas e ignoradas, consideradas verdadeiramente incapazes pela sociedade. Aos olhos das sociedades excludentes, quem é a órfã para que ter tal destaque? Quem é a escravizada para merecer a visita de Deus? Quem é a prostituta para que Deus a use de tal forma? Nas Escrituras, essas mulheres tornam-se peças fundamentais em cada história contada. São seres humanos que, aos olhos de Deus, têm potencial, necessidades e direitos.

Em Gênesis 1,26-27, os exilados e escravizados afirmam sua dignidade quando apontam que todas as pessoas possuem em si a imagem e semelhança de Deus. Embora, naquele momento, sejam pobres, explorados, miseráveis e estrangeiros, continuam a ser seres humanos, dotados da mesma dignidade e da mesma imagem e semelhança divina que todos os outros. Eles são portadores da liberdade e da igualdade diante dos frutos que a terra há de dar, e da responsabilidade pelo zelo para com a criação. O texto de Gênesis, nesse sentido, é a resposta para as perguntas feitas no parágrafo anterior. A órfã, a prostituta e a escravizada são portadoras da imagem e da semelhança de Deus. Restaurar a dignidade de cada ser é devolver-lhe essa imagem e a semelhança de Deus no meio social.

A dignidade, então, pode ser vista como uma consequência da prática e da vivência da justiça divina. Ou seja, quando se pratica a justiça, por consequência, tem-se a dignidade humana restabelecida. Os textos proféticos que denunciam as práticas de injustiça contêm em si um grito pela restauração da dignidade. Praticar a justiça é, nesse sentido, devolver ao outro sua dignidade, devolver ao outro sua posição e seu status dentro da criação. Desse modo, é permitido que ele seja bom, seja parte, desempenhe integralmente seu papel.

O texto de Amós traz interessantes comparações ao expor a falta de dignidade em que vivia parte do povo em prol do privilégio de outros. No capítulo 6, o profeta adverte: "No meio de pedras, podem os cavalos correr? No meio do mar, os bois podem arar? No entanto, vocês fizeram do direito um veneno, e do fruto da justiça um amargor!" (Am 6,12). O desvio de função ou a falta de ambiente próprio para o desempenho da função, obrigatoriamente, leva à falta de dignidade. Se a criação, ao ser organizada, deve frutificar de forma que todos possam usufruir dela e de seus retornos econômicos, construindo boa reputação para continuidade na prática do bem, de forma que as relações e o que vêm delas sejam belas, qualquer um que esteja fora desse contexto não vive dignamente.

A denúncia do profeta Amós é justamente sobre a impossibilidade de que parte do povo desfrute do bom da criação, enquanto servem de escravizados para o desfrute da nobreza:

> Porque esmagam o fraco, cobrando dele o imposto do trigo, eles poderão construir casas de pedras lavradas, mas nelas jamais irão morar; poderão plantar vinhas de ótima qualidade, mas do seu vinho não beberão. Pois eu sei como são numerosos os seus crimes e graves os seus pecados: exploram o justo, aceitam subornos e enganam os necessitados no tribunal! (Amós 5,11-12).

No texto citado, o trigo, o vinho e as moradas são um resumo da vida cotidiana, das condições mínimas para o bem-estar. Diferente do nosso mundo capitalista e consumista dos dias atuais, no texto não é necessária uma lista de coisas para falar sobre o todo da vida. Não se fala em escolas, planos de saúde, viagens, carros e clubes recreativos; fala-se em questões primárias como uma terra para plantar e dela desfrutar na colheita, com refeições e vinho. E, com a casa, concretizar a plenitude do desfrute. O privilégio de uns com a falta de dignidade de outros era condenado por Deus, e por isso o profeta adverte:

> Aplicando o poder da violência, vocês pensam que estão afastando o dia fatal. Deitam-se em camas de marfim; esparramam-se em cima de sofás, comendo cordeiros do rebanho e novilhos cevados em estábulos; cantarolam ao som da lira, inventando, como Davi, instrumentos musicais; bebem canecões de vinho, usam os mais caros perfumes, sem se importar com a ruína de José! Por isso, vocês irão acorrentados à frente dos exilados. Acabou-se a festa dos boas-vidas. (Amós 6,3-7).

No capítulo 8 de Amós, a denúncia continua. Os exploradores e opressores são relatados maquinando como, quando e quanto irão ganhar às custas dos escravizados, desconsiderando os direitos deles de desempenharem suas funções e semelhanças com Deus de forma igualitária. O capítulo 9 de Amós encerra como uma descrição do cenário ideal, renovado por Deus, organizado à semelhança da criação, em que os pares se encontram e se complementam, em que as diferenças se igualam na mutualidade:

> Dias virão — oráculo de Javé — nos quais aquele que estiver arando vai encontrar-se com quem estiver colhendo, e quem estiver esmagando a uva com quem estiver semeando. As montanhas vão destilar vinho novo, que escorrerá pelas colinas. Farei voltar os exilados do meu povo Israel. Eles voltarão a construir as cidades que foram destruídas, e nelas vão morar. Plantarão vinhedos e beberão seu vinho; formarão pomares e comerão suas frutas. Eu vou plantá-los na sua própria terra e jamais serão novamente arrancados dessa terra, que eu mesmo lhes dei — diz Javé, o Deus de vocês. (Amós 9, 11-15).

Esse é um retrato do contraponto do caos com a harmonia divina. O caos também é o retrato do que a elite, escravizada por outro império, passa quando rebaixada ao nada. Isaias 5,13 diz: "É por falta de conhecimento que o meu povo foi exilado; seus nobres morrem de fome e seus plebeus ardem de sede". Nesse sentido, é importante esclarecer que a dignidade de um, segundo os textos bíblicos, jamais pode ser exercida por meio do sofrimento do outro. Sendo assim, a inversão de status não é caminho. Não é o propósito colocar os opressores na condição de oprimidos, de forma a honrar as vítimas primárias. A criação em Gênesis 1,1–2,4a devolve os operadores da exploração aos seus devidos lugares, juntamente com todos os seres humanos, nos quais desempenham suas funções integralmente. Nesse contexto, eles são bons: ela não os ignora, nem os castiga, mas sim os ressignifica. Assim, os textos proféticos sempre concluem suas advertências com uma esperança, com uma realidade em que o cenário criacional se cumpre na vida comum e real. Esse ideal é descrito por Isaías da seguinte maneira:

> O povo que andava nas trevas viu uma grande luz, e uma luz brilhou para os que habitavam um país tenebroso. Multiplicaste o povo, aumentaste o seu prazer. Vão alegrar-se diante de ti, como na alegria da colheita, como no prazer dos que repartem despojos de guerra. Porque, como no dia de Madiã, quebraste a canga de suas cargas, a vara que batia em suas costas e o bastão do capataz de trabalhos forçados. Porque toda bota que pisa com barulho e toda capa empapada de sangue serão queimadas, devoradas pelas chamas. (Isaías 9,1-4).

A luz e as trevas aparecerão em Isaías diversas vezes como um comparativo da vontade de Deus. No capítulo 59,9b diz: "Estávamos esperando luz, e o que veio foram trevas; aguardávamos claridade e, no entanto, caminhamos na escuridão". Já no verso 10: "Como cegos, vamos apalpando a parede, tateando como alguém que não enxerga. Tropeçamos em pleno dia, como se já tivesse escurecido". Em paralelo, como paradigma, o texto segue dizendo: "Esperávamos o direito, e nada; esperávamos a salvação, e ela ficou longe" (v. 11b). A partir desse comparativo, é possível afirmar que a luz está para o direito e salvação como as trevas estão para a injustiça e a morte. A liturgia penitencial que inaugura o capítulo 59 de Isaías retrata o abismo, a desordem, a maldade e a mancha que pesa sobre aqueles que enchem o peito para falar de Javé. Segundo o profeta:

> Veja! O braço de Javé não ficou curto para salvar, nem seus ouvidos ficaram surdos para ouvir. Ao contrário, foram as culpas de vocês que acabaram se transformando num abismo que os separa do seu Deus; por causa dos erros de vocês, Javé escondeu o

> rosto, para não os ouvir. Vocês estão com as mãos sujas de sangue, estão com os dedos manchados de crimes, seus lábios só falam mentira e suas línguas sussurram maldade. Não há ninguém que acuse com justiça, não há quem faça um processo com honestidade. Todos confiam em coisas que não têm valor e só falam o que não é verdade; concebem o crime e dão à luz a maldade. Chocam ovos de serpente e tecem teias de aranha: quem comer esses ovos morrerá; se a casca se quebrar, de dentro deles sairá uma serpente. As teias que eles tecem não servem para fazer roupa; eles não conseguem se cobrir com o produto de seu trabalho. Suas obras são criminosas, e suas mãos praticam a violência. Seus passos levam para o mal, e eles correm para derramar sangue inocente; seus planos são criminosos, sua estrada é feita de ruína e destruição. Eles não conhecem os caminhos da paz; não existe o direito em seus passos; fazem para si trilhos tortuosos: quem neles caminha não conhece a paz. (Isaías 59,1-8).

Ao voltar ao capítulo 58, é possível ter uma ideia de quais práticas estão levando os religiosos à separação da ordem divina. No capítulo 58, a justiça será escrachada nas tonalidades da dignidade humana, do básico, do indispensável à harmonia, ao bom do projeto de Deus. O texto condena as práticas religiosas vazias, os sacrifícios de jejum inócuos, e reafirma o necessário compromisso com o bem-estar, com a prática do bem, com a valorização da vida humana. Suas propostas são: a) acabar com as prisões injustas; b) pôr em liberdade os oprimidos; c) repartir a comida com quem passa fome; d) hospedar em sua casa os pobres sem abrigo; e) vestir aquele que se encontra nu; f) não excluir o diferente;

g) dar o seu pão ao faminto; h) matar a fome do oprimido. "Então a sua luz brilhará nas trevas e a escuridão será para você como a claridade do meio-dia" (Is 58,10b).

De maneira semelhante serão as profecias de Jeremias, Ezequiel, Oseias, Miqueias, dentre outros. A justiça de Deus se traduz no cumprimento da dignidade do outro. O texto da criação, portanto, torna-se parâmetro para construção de uma sociedade justa na qual a dignidade se cumpre. Sobre a poesia do primeiro texto hebraico, Reimer (2011, p. 11) afirma ser "uma noção que ao longo do tempo contribuiu para a formatação do conceito moderno de 'dignidade humana'". Para o autor, "com uma boa leitura do relato da criação em Gênesis podemos perceber que os seres humanos são criaturas juntamente com os demais elementos da criação. Todos os elos da criação têm dignidade própria" (Ibid., p. 21).

A partir do texto da criação, da experiência dos israelitas e das palavras dos profetas, é possível concluir que não há justiça sem dignidade. Não há justiça enquanto um ser humano sequer esteja com sua dignidade ferida em prol do enaltecimento de outro. As sociedades baseadas no plano criacional devem ser sociedades em que "as pessoas podem ser cuidadoras e mantenedoras, ajudando a salvaguardar a dignidade de vida das gerações presentes e futuras, mantendo, assim, a esperança pelo destino redentor" (REIMER, 2011, p. 25).

Entretanto, o que se vê é o oposto: um processo de individualização em que quase não há mais espaço para o cuidado. O outro ser humano e a natureza não são dignificados porque sequer encontram-se na perspectiva de atenção e cuidado dos indivíduos. Passos (2015, p. 68) afirma que:

> Dentre tantas possibilidades de fortalecimento da individualidade pela via do mercado, a religião abarca esse conceito no aperfeiçoamento dos seus serviços. A vida contemporânea não passa mais pelo coletivo, pelo menos não é o que apregoam os arautos da pós-modernidade. O cardápio de técnicas, terapias, filosofias, meditações, publicações de autoajuda, além de outras tantas possibilidades místicas, reduziram o monopólio da religião como fornecedora de subjetividades. Na medida em que a competição por espaços de poder foi acirrada e o culto ao prazer foi despido da moralidade religiosa de outrora, o indivíduo se tornou o mote das sociedades complexas. Na disputa com outras instâncias sociais e completamente adaptadas moralmente aos anseios da nova clientela, uma boa parte dos segmentos religiosos preconiza a individualidade como um bem maior a ser restaurado, protegido e cultivado espiritualmente.

O que o autor propõe em sua análise sobre o tema, é que as mercadorias há muito ditam as virtudes do ser humano e que, nos dias de hoje, intensificou-se a busca por status e poder, "em que tudo vira marca, rótulo, objeto de consumo. A religião não escapa dessa rede" (PASSOS, 2015, p. 67). Nesse contexto, os fiéis viraram comerciantes e o culto ao prazer e ao individualismo tornou-se o grande produto ofertado. Não há mais espaço para o pensamento coletivo, para o sentimento comunitário, para o incentivo à integração. Os direitos que levam à dignidade acabam passando pelo crivo do individual, e só são validados por esses grupos se forem para seu próprio conforto e benefício.

Há aqui uma inversão de raciocínio quanto ao bem-estar social. O filósofo e doutor em democracia e direitos humanos Lindomar Mota (2023, p. 127) explica que "é incorreto, por exemplo, pensar que o bem-estar gera justiça ou tolerância, invertendo a ordem dos elementos". Ao contrário disso, o bem-estar é um resultado de uma série de ações e posições anteriores engendradas pela sociedade para construir um espaço de justiça e igualdade, em que a dignidade de cada indivíduo é reconhecida e respeitada.

"O bem-estar social só começa após a superação das necessidades básicas da vida. Antes de resolvê-las, apresentar qualquer coisa como um viver bem é trapaça" (MOTA, 2023, p. 127). Reforçar a consciência individual de que estar bem consigo mesmo, estar bem colocado economicamente e bem reconhecido no âmbito eclesial é estar vivendo os planos de Deus para os seres humanos, é rejeitar a essência da Bíblia e seus ensinamentos, assim como é rejeitar o bom de Deus para a criação. Nos textos do Novo Testamento isso fica ainda mais latente. Os religiosos, fariseus, escribas, mestres da lei e sacerdotes são, a todo momento, confrontados por Jesus em seus discursos e ações. A ideia que tinham sobre comunidade, sociedade e vontade divina, era equivocada. Apesar de saberem as Escrituras, a Lei de Moisés e os escritos proféticos, não conheciam a mensagem sagrada dos textos. Os Evangelhos dedicam-se a expor todos os entraves gerados entre as falas e ações de Jesus e a postura da elite religiosa. Jesus, enquanto próprio Deus encarnado, ajusta-se aos pobres, aos samaritanos, publicanos, prostitutas e cobradores de impostos. Deles, faz alvos do amor e da atenção divina.

Sobre isso, Moltmann argumenta que:

> Nos primeiros capítulos dos Evangelhos, detectamos que a atenção primeira de Jesus foi dada às pessoas doentes, pobres e excluídas, ou seja, para as vítimas da violência e não para quem a impunha. Seguindo a promessa do profeta Isaías (cf. Is 61.1), ele anuncia o evangelho do reino de Deus aos pobres e cura os enfermos; promete liberdade aos presos, vistas aos cegos e direito aos abatidos (cf. Lc 4.18-19). Assim como Jesus trouxe o poder curador do Espírito de Deus a quem estava doente, Ele traz a justiça de Deus aos sem-direito e às vítimas da violência. "Este recebe pecadores e come com eles" (Lc 15.2). Esses "pecadores e publicanos" eram marginalizados e desconsiderados pelos ricos e pelas pessoas que tinham sua justiça própria. O "acolhimento" deles por parte de Jesus é também seu reconhecimento e sua cura social. Jesus traz a Justiça de Deus aos seres humilhados e abandonados. Abre-lhes as prisões da alma e os coloca de pé. Por meio de sua solidariedade com eles é revelada a solidariedade de Deus com as vítimas. (MOLTMANN, 2008, p. 76).

Alguns textos são muito interessantes em relação à atenção de Jesus na dignificação dos seres, e possuem sua atenção desviada para o que não faz parte do zelo de Jesus. Em João 2,14-17, por exemplo, Jesus, indignado com o que estava sendo feito no Templo de Jerusalém, expulsa dali os comerciantes em um aparente episódio de ira. É comum perceber nas igrejas uma leitura equivocada do texto, como se a preocupação de Jesus fosse com o Templo. Mas, em vez disso, a preocupação de Jesus é em relação ao que tem sido feito com as pessoas por meio do Templo. A atitude de Jesus, segundo Bingemer (2001, p. 82), é a de "um pastor que ama suas ovelhas, (e) quer preservá-las da corrupção, da exploração, da escravidão em que se encontra aquele lugar".

A ação de Jesus permite concluir que o Templo era um lugar em que se vendia dignidade, como se isso fosse passível de compra. Além disso, vendia-se uma dignidade dinâmica - ora se perde, ora se ganha dignidade, ela depende de um constante empenho, de uma sequência de ritos de perdão e santificação. Jesus, entretanto, vê nos explorados e oprimidos por esse sistema religioso, seres à sua imagem e semelhança, irmãos e irmãs, homens e mulheres detentores do amor de Deus. Da mesma forma, Freyne (1996, p. 198-199) afirma que cada milagre realizado por Jesus, relatado nos Evangelhos, era uma forma não de purificação por si só, mas de proporcionar ao curado uma consciência de sua identidade diante de Deus e da comunidade, restituindo-lhe a esperança de vida.

Interessante notar o paradoxo encontrado no texto das bem-aventuranças. No Evangelho segundo Mateus, capítulo 5,3-12, Jesus afirma que os que detêm o Reino de Deus e a Terra são os pobres, os aflitos, os mansos, os que têm fome e sede de justiça, os misericordiosos, os puros de coração, que promovem a paz, em contraposição à teologia da nobreza judaica, que imputava aos ricos, cumpridores assíduos da Lei, separados da ralé social, o status de favorecidos e agraciados por Deus. No Reino de Deus, segundo os Evangelhos, não há divisão entre os seres humanos.

É preciso, de fato, reconhecer as individualidades de cada ser, suas limitações, necessidades e fragilidades, para que como partícipe do coletivo possa ter supridas suas demandas sociais e assim atingir a dignidade. Inclusive, Sarlet (2001, p. 50) destaca que "mesmo aquele que já perdeu a consciência da própria dignidade merece tê-la (sua dignidade) considerada e respeitada".

Fica claro, portanto, que a justiça de Deus só se cumpre quando todos os seres humanos têm sua dignidade conhecida, de forma que, nas medidas e limites necessários, recebem condições para desempenharem bem suas funções, primeiramente de detentores do direito à vida e a tudo o que seja necessário para manutenção dela. E, em segundo e não menos importante, de manutenção de sua função social enquanto integrante de uma sociedade, cidadão.

Esse estado de equilíbrio e equidade, com a conscientização dos seres, é indispensável ao cumprimento e alcance do projeto que se estabelece em Gênesis 1. Cada pessoa e cada elemento criado são bons individualmente, para que coletivamente sejam muito bons. Todos, sem exceção, precisam estar na condição integral para o qual foram criados, de modo que o funcionamento do cosmo seja pleno. Fala-se, aqui, de harmonia.

Se alguma dúvida ainda resta quanto à terra como sujeito de dignidade, Boff explica que em:

> 22 de abril de 2009 a Assembleia Geral da ONU acolheu por unanimidade a ideia de chamar a Terra de Mãe Terra. Essa mudança significa uma revolução em nossa forma de olharmos nosso planeta e em nossa relação para com ele. Uma coisa é dizer a terra que eventualmente pode ser comprada, vendida e explorada economicamente. Outra coisa é dizer Mãe Terra, porque a mãe não se pode vender, comprar, nem explorar, mas amar, cuidar e venerar. Atribuir tais valores à Terra implica aceitar que ela é sujeito de dignidade e é portadora de direitos. (MOLTOMANN; BOFF, 2014, p. 85).

Além disso, a terra não é apenas objeto de culto dos mais antigos ancestrais. Ela é também reconhecida pela ciência como um superorganismo vivo, com capacidade e funções próprias, necessárias e indispensáveis à sobrevivência humana. Por isso, "é portadora de direitos que devem ser reconhecidos e respeitados". Se teologicamente assumirmos que "o ser humano é a própria terra consciente e inteligente", então devemos admitir que a própria Terra participa dessa dignidade e desses direitos. Portanto, ela é sujeito de dignidade e de direitos" (Ibid., p. 87). A terra precisa ser amada, cuidada, fortalecida, reconhecida e regenerada sempre que seus direitos forem desrespeitados.

3.3 Harmonia como o reflexo do divino

Falar na harmonia da criação parece apenas a afirmação de um ajuste ritmado, como nas notas musicais, de forma que a sensação traga paz, tranquilidade, calmaria, encaixe, beleza. Mas, assim como o conceito de justiça parece abstrato, pode ser o da harmonia se não proposto uma tradução mais prática e palpável de suas expressões. Se também compreendida de maneira simplista, pode levar muitos a perceberem-na em contextos e formas menores do que ela de fato propõe.

O texto bíblico em si não traz a palavra harmonia. Porém, o uso dela para falar das expressões divinas da criação é certa. Assim, em que sentido ou como essa palavra de fato contribui e se torna essencial na aplicabilidade do *tov* nos diversos contextos históricos e sociais da humanidade?

Utilizando a pesquisa de Lima (2012, p. 5), que afirma que a harmonia é uma "palavra de densidade etimológica que remete às noções mais fundamentais e primordiais na história da filosofia e mesmo no pensamento e cultura ocidentais", vemos que o conceito de harmonia possui relevante riqueza simbólica e abrangência semântica. Em sua busca pelo entendimento da harmonia, Lima propõe uma perspectiva fundada em Heráclito de Éfeso, que viveu entre os anos 540-470 AE e defendeu a necessidade da compreensão de outras noções fundamentais para a definição do termo, como, por exemplo, "*physis* (percepção e manifestação primeira da unidade original do mundo), *arché* (princípio ou origem da unidade não percebida pelos sentidos) e *cosmos* (expressão da multiplicidade do real, da ordem e do caos, da totalidade do universo)" (LIMA, 2012, p. 5). A harmonia está diretamente ligada, portanto, à noção de mundo, natureza, cosmos:

> Originalmente, temos três acepções fundamentais para o termo harmonia: a primeira tem os sentidos de "encaixes" ou "presilhas" e remete à carpintaria e maçonaria; a segunda acepção, mais metafórica, diz respeito à harmonia como força, princípio, deusa ou personificação e está ligada aos poetas e filósofos; a terceira refere- se à terminologia musical, harmoníai eram as antigas escalas e sistemas de escalas na música. Não existem registros históricos que comprovem uma ordem cronológica e linear do surgimento e usos dessas acepções, o que é mais provável é que estes significados tenham concorrido em diversos momentos para a composição dos sentidos que entendemos hoje como harmonia.

O conceito de harmonia é tão essencial que se estendeu a diversas áreas da matemática, astrologia, teologia, filosofia, música, poesia etc. Contudo, ao se pensar na filosofia e na teologia, a harmonia, como chave de leitura, é clara nos textos de autores "como Plotino, Boécio, Santo Agostinho e Plutarco, para citar somente alguns, que se notabilizaram por pensar a ordem, a medida, o equilíbrio, a relação, a regularidade, a beleza, a proporção e todas as noções ligadas direta ou indiretamente à harmonia dos gregos" (Ibid., p. 6).

Entretanto, a partir de Heráclito de Éfeso, pensar a harmonia é pensar na unidade do diferente. Ou seja, em sua visão, a divergência deve ser vista como uma forma de unidade que constantemente se atualiza, ainda que seja pelo conflito. Os conflitos, por sua vez, são movimentos naturais das relações que buscam sentido, é a divergência que resulta em convergência. Em contraposição da harmonia do belo dos filósofos clássicos como Platão, Heráclito enxerga a harmonia a partir das dissonâncias físicas, morais e intelectuais.

> A noção de harmonia elaborada por Heráclito faz pensar em um sentido de unidade que engendra toda a pluralidade e diferença possíveis, o único e o múltiplo, o conflito e a paz, o dia e a noite, todos entendidos como formas e expressões de algo que é uno e indivisível e, não obstante, também não preteri os contrários. O que para nós é sinônimo de caos, contradição, oposição e exclusão absoluta entre conceitos, nessa perspectiva heraclítica é harmonia. Em Heráclito de Éfeso o divergente converge consigo mesmo e as dissonâncias harmonizam-se, há um necessário conflito unificante do qual depende toda a existência. A investigação e análise do pensamento de Heráclito mostra sua relevância no fazer filosófico na medida em que nos conduz à formulação vigorosa do problema da unidade do Ser diante da pluralidade das coisas, o problema do movimento permanente

> e conflitante como princípio eterno que gera todo o real. (Ibid., p. 8)

Essa ideia corrobora com a noção de inclusão na narrativa da criação. Todos os elementos, todos os seres humanos, os gêneros, as raças, as etnias, são reunidas à semelhança de seu criador. É no ajuste das relações e dos papéis de cada um que temos a harmonia. Portanto, a harmonia pressupõe e depende do diferente. Se todos os elementos fossem apenas um, como era o todo do cosmo antes de seu desenvolvimento na mitologia hebraica, haveria o caos. A harmonia é a desintegração do igual, a reposição das diferenças, a separação das luzes e dos firmamentos.

A harmonia da criação está na representação do contraditório. Não há apenas a existência do dia, da luz, do claro, mas também da noite e do escuro; as águas não secam para que tudo se torne solo firme. O firmamento só existe a partir da percepção das águas. O humano só pode desempenhar sua função humana quando se tem, em contraste, a existência do animal, do selvagem. A criação só pode ser boa, pois antes dela existiu o caos. Nesse mesmo sentido, Moore (2014, p. 103) adverte:

> Vários pontos tornaram-se claros nos resumos dos esforços dos cinco eruditos descritos para destilar do Antigo Testamento uma ética da criação. Primeiro, o texto veterotestamentário não fala com uma única voz. De fato, ele é multivocal, revelando-se mais como um coro que como um artista único. Este desempenho multivocal sugere a possibilidade de uma cacofonia, ainda que ofereça também a possibilidade de que oradores discrepantes se aglutinem em uma harmonia útil.

Assim, Moore propõe que aquilo que poderia soar como um desarranjo ou como um desagrado, contendo diferentes informações, experiências, contos e teologias, é o que, na verdade, se revela como harmonioso. O referido autor irá citar Barton (2010), observando a harmonia como o resultado de uma vida numa sociedade baseada nos conceitos de justiça. Desse modo, é possível afirmar que há uma "correlação direta entre a manutenção das ordens da criação e a manutenção de uma sociedade bem ordenada, entre o valor das relações sobrenaturais e naturais e o valor das relações humanas" (BARTON *apud* MOORE, 2014, p. 101).

Com isso em vista, se a justiça só é possível quando cumprida e respeitada a dignidade, e se a dignidade é a intenção de permitir um espaço igualitário em meio ao diferente, a harmonia é a base estrutural da possível vivência de uma realidade próxima à narrativa. A harmonia é base para a concretude de uma sociedade de bem-estar, de prosperidade, de reputação, de prática do bem e de beleza. Por meio dela, é possível, nos dias de hoje, uma releitura e uma proposta de uma sociedade repleta de diferenças, mas com reflexo da vontade de Deus para sua criação, que é muito boa.

Um possível exemplo de uma vida de harmonia expressa não de forma mitológica, mas prática, é a Lei de Moisés resumida nos dez mandamentos:

> Então Deus pronunciou todas estas palavras: "Eu sou Javé seu Deus, que fiz você sair da terra do Egito, da casa da escravidão. Não tenha outros deuses diante de mim. Não faça para você ídolos, nenhuma representação daquilo que existe no céu e na terra, ou nas águas que estão debaixo da terra. Não se prostre diante desses deuses, nem sirva a eles, porque eu, Javé seu Deus, sou um Deus ciumento: quando me

odeiam, castigo a culpa dos pais nos filhos, netos e bisnetos; mas quando me amam e guardam os meus mandamentos, eu os trato com amor por mil gerações. Não pronuncie em vão o nome de Javé seu Deus, porque Javé não deixará sem castigo aquele que pronunciar o nome dele em vão. Lembre-se do dia de sábado, para santificá-lo. Trabalhe durante seis dias e faça todas as suas tarefas. O sétimo dia, porém, é o sábado de Javé seu Deus. Não faça nenhum trabalho, nem você, nem seu filho, nem sua filha, nem seu escravo, nem sua escrava, nem seu animal, nem o imigrante que vive em suas cidades. Porque em seis dias Javé fez o céu, a terra, o mar e tudo o que existe neles; e no sétimo dia ele descansou. Por isso, Javé abençoou o dia de sábado e o santificou. Honre seu pai e sua mãe: desse modo, você prolongará sua vida, na terra que Javé seu Deus dá a você. Não mate. Não cometa adultério. Não roube. Não apresente testemunho falso contra o seu próximo. Não cobice a casa do seu próximo, nem a mulher do próximo, nem o escravo, nem a escrava, nem o boi, nem o jumento, nem coisa alguma que pertença ao seu próximo". Vendo os trovões e os relâmpagos, o som da trombeta e a montanha fumegante, todo o povo teve medo e ficou longe. Então disseram a Moisés: "Fale você conosco, que nós ouviremos; não nos fale Javé, senão morreremos". Moisés disse ao povo: "Não tenham medo! Deus veio para prová-los, a fim de que vocês tenham presente o temor a ele e não pequem. (Êxodo 2,1-20).

À luz da narrativa de Gênesis 1,1–2,4a, é possível observar que alguns princípios no texto se correlacionam. Antes dessa proposição, é importante lembrar que o período de escrita das sagas, como a de Moisés, se deram sempre em um ambiente de domínio estrangeiro. Israel estava constantemente sob a tutela de outros impérios enquanto construía a história de sua própria origem enquanto povo. Isso significa dizer que havia diferentes cultos e ritos em seu meio, o que justifica, por exemplo, a presença do primeiro mandamento acima citado. Semelhantemente à narrativa da criação, o primeiro mandamento adverte que nenhum elemento na terra ou no céu deve ser concebido como Deus. Não há homem ou mulher, animais ou plantas, rios ou mares, que podem ganhar a importância de divindade, o status de superioridade. Além disso, a advertência traz um convite ao olhar para si mesmo, não como superior ou inferior, mas como igual.

Paulo traduziu isso em muitos de seus ensinamentos. Na carta aos Gálatas, capítulo 6, assim como, em Romanos 12,2, por exemplo, o apóstolo exorta a comunidade a saber julgar a si mesma como convém, sem que ninguém se entendesse ser superior ou inferior ao outro, mas reconhecendo as diferenças necessárias que compõem o corpo de Cristo. Isto é, o convite para manter cada criatura em seu devido lugar conferindo-lhe exatamente a importância que possui é o primeiro passo para uma vida em harmonia.

O sábado, apontado por Schwantes (1989) como um grito por dignidade dos escravizados a fim de que possam descansar, como símbolo de completude da obra criada, é reforçado nos mandamentos. E, seguindo a justiça da igualdade de todos os seres humanos, inclui as mulheres, as crianças, os estrangeiros etc. O mandamento afirma que:

> Não faça nenhum trabalho, nem você, nem seu filho, nem sua filha, nem seu escravo, nem sua escrava, nem seu animal, nem o imigrante que vive em suas cidades. Porque em seis dias Javé fez o céu, a terra, o mar e tudo o que existe neles; e no sétimo dia ele descansou. Por isso, Javé abençoou o dia de sábado e o santifico. (Êxodo 20,10).

O texto segue com uma série de ações essenciais à manutenção social, como o cuidado com o pai e a mãe em sua velhice, em forma de honra. Acima de tudo, há um apelo que afirma que o respeito à vida do outro não pode, em qualquer hipótese, ser cessada por vontade humana. O texto não diz que não se deve matar pessoas de sua própria tribo, ou de sua própria religião, e também não limita uma faixa etária, ou qualquer outra classificação. O texto é impositivo: não se deve matar. Além disso, o adultério, o roubo, a mentira sobre o outro e o desejo pelo que não é seu, são todas atitudes que não trazem harmonia e bem-estar social. As sociedades podem ser dinâmicas na maneira de expressar o amor, a dança, a fé e a política, mas existem princípios inegociáveis para o alcance e a construção coletiva da harmonia.

Nesse sentido, os princípios que fazem com que as coisas funcionem bem, ainda que em cenários de diversidade, são os princípios de justiça e dignidade, que quando aplicados tornam a vida harmoniosa. No Salmo 104,10-35 há uma pintura muito bem elaborada sobre a harmonia, ou seja, o funcionamento bem ajustado da criação de forma que tudo se complementa e completa. O texto narra que:

> Tu fazes brotar fontes de água pelos vales, e elas correm por entre as montanhas. Dão de beber a todas as feras do campo, e os asnos selvagens aí matam a

sede. Junto a elas se abrigam as aves do céu, desferindo seu canto por entre a folhagem. De tuas altas moradas regas os montes, e a terra se sacia com tua obra fecunda. Tu fazes brotar relva para o rebanho, e plantas úteis para o homem. Dos campos ele tira o pão, e o vinho que alegra seu coração; o azeite, que dá brilho ao seu rosto, e o alimento, que lhe dá forças. As árvores de Javé se saciam, os cedros do Líbano que ele plantou. Aí se aninham os pássaros, no seu topo a cegonha tem sua casa. As altas montanhas são para as cabras, e os rochedos um refúgio para as ratazanas. Tu fizeste a lua para marcar os tempos, o sol conhece o seu próprio ocaso. Mandas as trevas e vem a noite, e nela rondam as feras da selva; rugem os leõezinhos em busca da presa, pedindo a Deus o sustento. Ao nascer do sol se retiram e se entocam nos seus covis. O homem sai para sua faina, e para o seu trabalho até à tarde. Como são numerosas as tuas obras, Javé! A todas fizeste com sabedoria. A terra está repleta das tuas criaturas. Eis o vasto mar, com braços imensos, onde se movem, inumeráveis, animais pequenos e grandes. Aí circulam os navios, e o Leviatã, que formaste para com ele brincares. Todos eles esperam de ti que a seu tempo lhes atires o alimento: tu o atiras e eles o recolhem, abres tua mão, e se saciam de bens. Escondes tua face e eles se apavoram, retiras deles a respiração, e expiram, voltando a ser pó. Envias o teu sopro e eles são criados, e assim renovas a face da terra. Que a glória de Javé seja para sempre; que ele se alegre com suas obras! Ele olha a terra e ela estremece, toca as montanhas e elas fumegam. Vou cantar para Javé enquanto eu viver, louvarei o meu Deus enquanto existir. Que

> o meu poema lhe seja agradável, e eu me alegrarei com Javé. Que os pecadores desapareçam da terra, e os injustos nunca mais existam. Bendiga a Javé, ó minha alma! Aleluia!

O dispositivo cênico já é inaugurado com uma integração entre feras, asnos e aves do céu, que bebem da mesma água e têm seu abrigo no mesmo vale. A própria terra, o vale de folhas e águas, se nutre e se sacia e, pela fecundidade em que se encontra, dá pão, vinho e azeite ao ser humano. Para que a terra ofereça isso, é preciso que haja plantação de trigo, oliveiras e parreiras de uva; é preciso ter quem plante, quem colha e quem produza o alimento final; é preciso ter equilíbrio na chuva, no sol, no frio e no calor. Além disso, a narrativa concebe a presença de cabras que certamente necessitam de pastos verdes para se alimentarem, de bons cuidados para produzirem o leite. Nesse contexto, sejam leões e feras da selva ou animais pequenos, todos são supridos conforme suas necessidades, em seu tempo e espaço. O sol, sabiamente, sabe seu momento de se retirar, deixando a lua marcar seus períodos. Até mesmo Leviatã, o monstro marinho, ganha espaço na criação, com quem os navios brincam. Todos os seres que esperam por Deus, que de sua obra se deleitam, participam da sua harmonia.

As muitas diferenças percebidas no Salmo 104 podem ser vistas também nas descrições paulinas sobre a comunidade. Os escritos paulinos, em muitas partes, afirmam a presença dos diferentes dons e carismas no meio do povo. Entretanto, estabelecendo um paralelo com o próprio corpo humano, o texto de 1Cor 12 aduz que nenhum membro do corpo é mais importante que o outro, ao contrário disso, todos são igualmente importantes para o bom funcionamento do organismo. Segundo esse mesmo texto paulino dedicado à comunidade dos coríntios, "de fato, o corpo é um só, mas tem muitos membros; e, no entanto, apesar de serem muitos, todos os membros do corpo formam um só corpo" (1Cor 12,12). A lógica do texto faz todo sentido, pois a harmonia não pode ser alcançada por meio do que é igual, mas sim por meio da igualdade entre os diferentes. Se tudo fosse igual, não haveria motivo para se falar em justiça e para lutar por dignidade, e não faria sentido pensar em harmonizar elementos. Mas, por serem todos diferentes, é que se torna próprio e justo pensar na igualdade e na equidade. Vejamos:

> O corpo não é feito de um só membro, mas de muitos. Se o pé diz: "Eu não sou mão; logo, não pertenço ao corpo", nem por isso deixa de fazer parte do corpo. E se o ouvido diz: "Eu não sou olho; logo, não pertenço ao corpo", nem por isso deixa de fazer parte do corpo. Se o corpo inteiro fosse olho, onde estaria o ouvido? Se todo ele fosse ouvido, onde estaria o olfato? Deus é quem dispôs cada um dos membros no corpo, segundo a sua vontade. Se o conjunto fosse um só membro, onde estaria o corpo? Há, portanto, muitos membros, mas um só corpo. O olho não pode dizer à mão: "Não preciso de você"; e a cabeça não pode dizer aos pés: "Não preciso de vocês." Os membros do corpo que parecem mais fracos são os mais necessários; e aqueles membros do corpo que parecem menos dignos de honra são os que cercamos de maior honra; e os nossos membros que são menos decentes, nós os tratamos com maior decência; os que são decentes não precisam desses cuidados. Deus dispôs o corpo de modo a conceder maior honra ao que é menos nobre, a fim de que não haja divisão no corpo, mas os membros

> tenham igual cuidado uns para com os outros. Se um membro sofre, todos os membros participam do seu sofrimento; se um membro é honrado, todos os membros participam de sua alegria. Ora, vocês são o corpo de Cristo e são membros dele, cada um no seu lugar. (1 Coríntios 12,14-27).

Assim, cada um funciona como parte de um mesmo todo, exercendo sua função enquanto função vital para o funcionamento do outro. Trata-se de perceber o outro em si e o eu no outro. Na Epístola aos Romanos, ensina-se que "num só corpo há muitos membros, e esses membros não têm todos a mesma função" (Rm 12,4), mas cada um deve exercer a sua função como parte de uma unidade, portanto, exercendo a função que lhe é própria com alegria e amor.

Outros textos bíblicos cuidarão de estabelecer a harmonia entre os diferentes. São textos que propõem uma relação harmônica entre o senhor e o servo, a exemplo da carta de Paulo a Filemon, que trata também da relação credor e devedor, além das diversas instruções sobre o nativo e o estrangeiro nos textos dos profetas, assim como entre o adulto e a criança, os seres humanos e o ecossistema. Inclusive, em textos como o de Isaías 58, o rito do jejum é posto à prova. O rito por si só, se não resultar na harmonia social, perde seu sentido. O profeta escreve: "Vejam! Vocês jejuam entre rixas e discussões, dando socos sem piedade. Não é jejuando dessa forma que farão chegar lá em cima a voz de vocês" (Is 58,3). Os ritos, enquanto meio de expressão da fé, devem funcionar como um fomento à busca da harmonia. O profeta escreve:

> O jejum que eu quero é este: acabar com as prisões injustas, desfazer as correntes do jugo, pôr em liberdade os oprimidos e despedaçar qualquer jugo;

> repartir a comida com quem passa fome, hospedar em sua casa os pobres sem abrigo, vestir aquele que se encontra nu, e não se fechar à sua própria gente. Se você fizer isso, a sua luz brilhará como a aurora, suas feridas vão sarar rapidamente, a justiça que você pratica irá à sua frente e a glória de Javé virá acompanhando você. (...) Isso se você tirar do seu meio o jugo, o gesto que ameaça e a linguagem injuriosa; se você der o seu pão ao faminto e matar a fome do oprimido. Então a sua luz brilhará nas trevas e a escuridão será para você como a claridade do meio-dia; Javé será sempre o seu guia e lhe dará fartura até mesmo em terra deserta; ele fortificará seus ossos e você será como jardim irrigado, qual mina borbulhante, onde nunca falta água; as suas ruínas antigas serão reconstruídas, você levantará paredes em cima dos alicerces de tempos passados. Vão chamá-lo reparador de brechas e restaurador de ruínas, onde se possa morar. (Isaías 58,6-12).

Sem que haja um impacto na vivência dos seres humanos na terra, o rito perde o sentido. O texto não diz que as pessoas devem deixar a prática da abstenção do alimento por certos períodos, mas que a função primordial do rito é lembrar sobre a prática elementar da justiça que traz equidade entre os seres. A harmonia, assim, funciona como um retrato daquilo que seria um ambiente em que as coisas podem funcionar bem mesmo diante das inúmeras diferenças. Outro texto interessante é do profeta Joel, em que Javé dirige estas palavras à terra e aos animais: "Terra, não tema; alegre-se e faça festa, pois Javé fez coisas grandiosas. Não temam, feras, pois o verde voltou às pastagens dos campos. As árvores já estão carregadas de frutos, a figueira e a parreira já produzem sua riqueza" (Jl 2,21-22). É nítido que o texto se apresenta como uma contra-imagem do estado caótico em que estavam a terra e os demais seres. Por outro lado, o apropriado funcionamento desses elementos revela o que é próprio da criação.

Boff (2014, p. 80) afirma que a crise ecológica atual, ou seja, o estado da terra no tempo presente também é caótico. Segundo ele, a dimensão pode ser projetada por meio do documento formalizado durante a Cúpula da Terra, Eco-92, na cidade do Rio de Janeiro, após o encontro de 1600 cientistas de diferentes países, dentre os quais 102 já receberam Prêmio Nobel. Boff (2014, p. 80) faz a seguinte citação do documento:

> Os seres humanos e o mundo natural seguem uma trajetória de colisão. As atividades humanas desprezam violentamente e, às vezes, de forma irreversível, o meio ambiente e os recursos vitais. Urgem mudanças fundamentais se quisermos evitar a colisão que o atual rumo nos conduz.

O autor (Ibid., p. 81) propõe pensar a crise ecológica atual, porém não recente, a partir da ética do sábado, isto é, afirmando que a terra necessita descansar, se regenerar, e ter seus ciclos e seus limites respeitados. Ou seja, o planeta, que combina seus elementos físicos, químicos e biológicos para manter-se apto a produzir e reproduzir vida, se tiver qualquer dessas esferas prejudicadas, perde sua harmonia. Dessa forma, não se desequilibra apenas em si mesmo, mas estende seu desequilíbrio a todos os seres vivos, que são interdependentes. É importante respeitar e prezar pela harmonia na biodiversidade, considerando que é ela "quem garante a vida como um todo, pois propicia a cooperação de todos com todos em vista da sobrevivência comum" (BOFF, 2014, p. 81).

A vida é um componente indivisível no planeta Terra. Ele, por sua vez, quando bem ajustado, é capaz de se auto-organizar e se autorregular, "pois combina de forma sutil e harmoniosa o físico, o químico e o biológico, de sorte que sempre se torna apta a gerar e reproduzir todas as formas de vida" (MOLTAMANN; BOFF, 2014, p. 86). Assim, não há como falar da vida humana de forma geral, sem falar concomitantemente em biosfera, pois são um todo orgânico que compõe a criação.

Portanto, é preciso que os eixos relacionais entre seres humanos e os demais elementos da criação funcionem de forma ajustada, assim como na narrativa de Gênesis 1,1–2,4a, para que se supere o caos. O bom da criação se constitui no pleno e adequado funcionamento de todas as esferas elementares da existência, de forma que esse grande organismo se desenvolva e regenere seus ciclos, proporcionando vida. Cada um dos principais significados da tradução do termo hebraico *tov*, encontrados no capítulo 2 do relato da criação, é possível de ser experimentado não apenas por uma pequena parcela da população mundial, mas por toda ela.

Para uma hermenêutica contemporânea mais eficaz do texto, é fundamental identificar os contextos e as problemáticas que marcam os dias atuais, reconhecendo o caos e as tensões que permeiam nossa realidade. Somente assim será possível, na vida concreta, encontrar um caminho que conduza à justiça, à dignidade e à harmonia. Jesus nunca rejeitou essa concretude da vida, mas buscou viver de forma harmônica com ela, propondo um modelo de bem diferente daquele frequentemente imposto pelo sistema vigente - no cenário atual, um sistema capitalista e narcisista.

No livro de Sabedoria, capítulo 19, se lê:

> Os elementos da natureza trocavam suas propriedades entre si, da mesma forma que na harpa as notas modificam o desenvolvimento da música, mas conservando sempre o mesmo tom. É o que se pode perceber, olhando o que aconteceu: os seres terrestres se transformavam em aquáticos, e os que nadam saltavam para a terra. Na água, o fogo aumentava mais ainda a sua força, e a água se esquecia do seu poder de apagá-lo. Por outro lado, as chamas não queimavam a carne dos animais que andavam entre elas, e também não derretiam aquele alimento celeste, parecido com gelo e fácil de derreter. (Sabedoria 19,18-21).

A perícope nomeada de "Rumo à grande harmonia" pode ser um convite às transformações indispensáveis para que a sociedade se ajuste e funcione de forma plena, encontrando, assim, o bom da criação. Visto isso, o próximo capítulo dedica-se a uma leitura de Gênesis 1,1–2,4a à luz das informações obtidas sobre *tov*, que possam ser aplicáveis à sociedade contemporânea e propor alternativas para as demandas atuais, especialmente em nosso país.

CAPÍTULO 4

TOV COMO REFERÊNCIA PARA A VIDA CONTEMPORÂNEA: RESSIGNIFICAÇÕES

O principal propósito ao estudar o adjetivo *tov* na narrativa da criação hebraica é compreendê-lo além de uma teologia simplista, frequentemente equivocada, que entende o relato como uma explicação de como o cosmo veio a existir, em oposição à ciência, e como uma história cronológica, linear e perfeita, que começa em Gênesis 1 e se estende até os dias atuais. O *tov*, portanto, com suas implicações, significados e usos, permite um aprofundamento maior na maneira de ler o relato dentro de seu próprio contexto de produção, assim como uma releitura com aplicações para a vida contemporânea.

Este é, portanto, o objetivo do presente capítulo: caracterizar a realidade em que vivemos, de forma a apontar aproximações entre a realidade contemporânea e a do surgimento do mito criacional, e apresentar, a partir de uma releitura dos sentidos de *tov*, possíveis caminhos para uma vida humana justa, digna e harmoniosa.

Como apresentado anteriormente, a simbologia do caos é utilizada como metáfora para o entendimento do tipo de crise enfrentada pelo povo de Israel no contexto do exílio babilônico. Aquela sociedade é descrita para representar os dilemas e sofrimentos vivenciados. Em uma perspectiva semelhante, propõe-se um olhar sobre a contemporaneidade consciente dos elementos que podem ser utilizados para construção de uma simbologia paralela sobre o ambiente de caos que requer atenção e ação profética para a sua reversão.

Para uma melhor concentração de ideias e reflexões, o capítulo dividirá os elementos que representam o caos contemporâneo em dilemas estruturais, mais voltados para os temas sociais, políticos, ideológicos e religiosos; e dilemas pessoais, mais voltados para as questões do indivíduo, sua interioridade e relações comunitárias. Por último, serão apresentadas algumas conclusões aplicativas do *tov* na esperança de se propor caminhos para a ação missionária e pastoral das comunidades eclesiais cristãs.

4.1 O caos na contemporaneidade: dilemas estruturais

Vivemos a era da superprodução, com avanços significativos na ciência e na tecnologia, com mercados globais aquecidos em exportação e importação. A Organização das Nações Unidas (ONU, 2023) estima que "mantendo o ritmo atual haverá 575 milhões de pessoas vivendo na pobreza extrema em 2030". Além disso, outros dados são alarmantes: "cerca de 600 milhões de habitantes do planeta enfrentarão fome e outros 300 milhões de menores ou jovens, que frequentam a escola, ainda não saberão ler ou escrever". Também, como indicam os pesquisadores, "seriam precisos 280 anos para fechar a lacuna de gênero na proteção legal e retirar leis discriminatórias". Outra preocupação não menos importante aponta que "as emissões de CO2 continuam subindo, o acesso à energia renovável continua baixo e diversas espécies de animais seguem ameaçadas de extinção em meio a desastres climáticos que aumentam de intensidade".

Apesar dos acordos globais da Agenda-2030 da ONU para o desenvolvimento sustentável, com a proposta de alcançar dezessete objetivos até aquele ano, aparentemente os esforços das nações não caminham nesse sentido. Objetivos como a erradicação da pobreza, a fome-zero, a melhoria na educação, o saneamento e o acesso à água potável, a redução da desigualdade, a promoção da paz e da justiça e outros, se tornam distantes em escala global quando a estrutura político-econômica caminha na contramão de ações que poderiam resultar no alcance dos objetivos propostos. O que se vê é uma crise generalizada, em que as populações de países pobres ainda enfrentam diversos problemas. O que significa riqueza, avanço e crescimento para alguns, significa pobreza, perda e retrocesso para muitos outros.

No panorama social apresentado acima, é incontroverso que a sociedade que produz bens e riquezas materiais não necessariamente produz dignidade ou fomenta a justiça e a vida humana em harmonia. O historiador israelense Yuval Noah Harari traz a seguinte ponderação:

> Claro, 7 bilhões de pessoas têm 7 bilhões de agendas, e, como já observado, pensar no contexto geral é um luxo relativamente raro. Uma mãe solteira lutando para criar dois filhos numa favela em Mumbai está preocupada com a próxima refeição; refugiados num barco em meio ao Mediterrâneo perscrutam o horizonte em busca de qualquer sinal de terra; e um homem que está morrendo num hospital superlotado em Londres reúne todas as forças para respirar mais uma vez. Todos têm problemas muito mais urgentes do que o aquecimento global ou a crise da democracia liberal. Nenhum livro pode dar conta de todas as angústias individuais. (HARARI, 2018, p. 12).

Por certo, falar em um caos social contemporâneo a partir das perspectivas de uma sociedade de superprodução e superindividualização não é o mesmo que falar em situações como as descritas por Harari. Problemas globais se tornam pessoais todos os dias na vida de indivíduos em suas casas, nos campos de trabalho análogos à escravidão, nas calçadas dos grandes centros, nos leitos de hospitais, nos botes perdidos em alto mar, nos presídios, nas favelas e assentamentos, nos asilos e orfanatos, e em todos os lugares em que a vida se desenvolve aquém do patamar de dignidade intrínseco à vida. Entretanto, esses graves problemas individuais só podem ser efetivamente resolvidos em âmbitos maiores, quer sejam globais, nacionais ou regionais. Por meio de decisões geopolíticas que envolvem vários governos, que promovem acordos e sanções, exigem a adoção de medidas emergenciais e promovem a conscientização das populações mundiais, podemos vislumbrar impactos em escala global.

O coletivo de ações individuais, alimentados pelas práticas culturais e geradas por um mecanismo psicológico interno, tem impacto relevante na política global. Harari (2018, p. 14) afirma que o mundo global exerce uma pressão sem precedentes sobre a conduta e a moralidade de cada pessoa. O que uma pessoa faz em sua rotina diária influencia a vida de outros seres – humanos, animais e plantas – do outro lado do mundo. Além disso, essa rotina diária revela seus vieses políticos e religiosos, seus privilégios raciais e de gênero, e cumplicidade, talvez involuntária, na opressão exercida pelas instituições.

Harari ainda argumenta que, ao final do século XX, acreditava-se que "as grandes batalhas ideológicas entre fascismo, comunismo e liberalismo tinham resultado na vitória arrasadora do liberalismo, democracia política, direitos humanos e capitalismo de livre mercado pareciam destinados a conquistar o mundo inteiro" (HARARI, 2018, p. 15). Entretanto, a história tomou outro rumo e, após o colapso do fascismo e do comunismo, estamos em vias de um colapso do liberalismo. Isso porque:

> O liberalismo está perdendo credibilidade justo quando as revoluções gêmeas na tecnologia da informação e na biotecnologia enfrentam os maiores desafios com que nossa espécie já deparou. A fusão das duas áreas pode em breve expulsar bilhões de seres humanos do mercado de trabalho e solapar a liberdade e a igualdade. Algoritmos de Big Data poderiam criar ditaduras digitais nas quais todo o poder se concentra nas mãos de uma minúscula elite enquanto a maior parte das pessoas sofre não em virtude de exploração, mas de algo muito pior: irrelevância. (Ibid., p. 16).

Nessa afirmação, Harari se refere a uma verdadeira ameaça ao estado de bem-estar social que se espalha em todas as áreas das ciências. Isso significa que talvez os seres humanos, entre eles os que detém o poder político, sejam incapazes de compreender a extensão dos desenvolvimentos globais "e distinguir os malfeitos da Justiça". É possível ressignificar o que foi criado tendo mais consciência sobre as implicações do domínio exercido pelos seres humanos? É possível criar uma comunidade global que salvaguarde a liberdade e a igualdade entre os seres humanos? Na era da perplexidade, o que fazer com a falta de narrativas históricas que dão conta de cobrir as antigas que desmoronaram? Sobre possíveis respostas, Harari (2018, p. 16) afirma que "o tempo está ficando escasso para a filosofia, a religião e a ciência. As pessoas têm debatido o sentido da vida por milhares de anos. Não podemos continuar esse debate indefinidamente". As crises são iminentes e, ao que tudo indica, carecem de resposta diante de uma crise também identitária.

Neste momento, também, podemos lançar luz ao caos na religião já que "as religiões tradicionais são em grande parte irrelevantes para problemas técnicos e políticos" (HARARI, 2018, p. 165), como por exemplo o modo de preservar uma espécie em extinção ou propor alguma medida prática para impedir o aquecimento global, mas "são extremamente relevantes para problemas identitários". Isso porque a religião apresenta uma narrativa sob a qual os indivíduos traçam seus horizontes e criam seus sentidos de vida. Entretanto, essas narrativas "na maioria dos casos são parte principal do problema, e não uma possível solução" (Ibid., p. 165). A religião, que deveria trazer uma consciência identitária baseada na igualdade, na equidade e na solidariedade, no contexto atual se sujeita às exigências de um mundo capitalista e imperialista.

Ao ponderar sobre o papel que a religião poderia exercer diante dos problemas globais, Harari traz um alerta a teólogos e fiéis, sugerindo a existência de uma hermenêutica imprópria dos textos sagrados entre aqueles que os utilizam como fonte de inspiração e guia para a vida:

> As pessoas seculares são minoria. Bilhões de humanos ainda professam maior fé no Corão e na Bíblia do que na teoria da evolução; movimentos religiosos moldam as políticas de países tão diversos como a Índia, a Turquia e os Estados Unidos; e animosidades religiosas alimentam conflitos da Nigéria às Filipinas. (HARARI, 2018, p. 164).

Essa observação nos permite questionar se o caos na sociedade contemporânea está diretamente ligado ao caos na religião. Uma variedade de narrativas religiosas manipuladas tem gerado identidades disfuncionais que reforçam um estilo de vida egoísta e acumulador, em busca de um espaço social imaginário de reconhecimento que ignora seus pares, tornando-os invisíveis à sociedade.

Jung Mo Sung, em seu livro de 2008 "Se Deus existe, por que há pobreza?", chama atenção para a terminologia "excluídos", comumente utilizada para se referir aos pobres que estão à margem da sociedade, que vivem aquém de uma vida justa e digna. Sua pontuação é para o significado do termo, uma vez que "quem é excluído, é excluído de algo. Os pobres não foram excluídos do país, nem da sociedade. Apesar de tudo, continuam sendo brasileiros que vivem na sociedade brasileira" (SUNG, 2008, p. 85). Do que eles são excluídos? Que realidade pretende-se expor ao classificar esse grupo social, majoritário, como excluídos? Em resposta, o autor propõe:

> Em primeiro lugar, os pobres foram excluídos do mercado. Isso porque só entra no mercado quem é consumidor, quem tem dinheiro para comprar, ou quem é vendedor de alguma mercadoria. (...) Estar excluído do mercado é estar excluído da possibilidade de viver. É estar excluído dos benefícios do desenvolvimento econômico do país. (...) Os pobres não estão excluídos só do mercado consumidor e do lazer. Eles também foram excluídos das prioridades do desenvolvimento econômico e dos gastos do governo. (SUNG, 2008, p. 85-86).

Sung ainda explica que, até antes do final dos anos 70, havia uma esperança de crescimento econômico no Brasil, em que os pobres deixariam de ser pobres ou, ao menos, poderiam ter uma vida mais digna, com suas necessidades básicas plenamente supridas. Os pobres eram partícipes dessa esperança, pois o desenvolvimento econômico significava para eles a esperança de uma vida melhor. Muitos deixaram seu lugar de origem em busca de condições melhores nas metrópoles, no desejo de fazer parte desse progresso. No entanto, a realidade foi outra: os ricos, minoria, ficaram cada vez mais ricos, e os pobres, maioria, continuaram empobrecendo a cada dia. Ficou claro que o modelo econômico adotado no Brasil não incluía os pobres, pelo contrário, os excluía da esperança de crescimento e desenvolvimento, utilizando-os apenas como ferramenta de enriquecimento da classe detentora de poder de compra e venda.

Esse modelo social gera inúmeros impactos de ordem pessoal: a autoculpabilização, frustração, distorção da autoimagem, dentre outras circunstâncias que fazem com que essa massa de pessoas desumanizadas se sinta inferior e merecedora da situação em que está. Na visão de Sung (2008, p. 78-81), o sistema de mercado capitalista possui duas características elementares, quais sejam: controle de produção nas mãos de empresas privadas que se dedicam unicamente aos desejos dos potenciais consumidores, e o regime de concorrência, em que aquele que é mais capaz de atender os padrões de consumo acabam vencendo. Os pobres não fazem parte de nenhuma dessas categorias.

Uma parcela da população pobre tenta alcançar os produtos disponíveis nas prateleiras, físicas ou eletrônicas, tornando-se consumidores em potencial, ou, ainda, abrindo seus próprios negócios. Na primeira situação, os indivíduos que tentam tornar-se consumidores de bancos, agências de empréstimo e cartões de crédito facilitados, acabam endividados e comprometidos em sua renda mínima por causa das altas taxas de juros e outras taxas administrativas abusivas a que são submetidos. Na segunda situação, ao tentarem iniciar negócios próprios, os investimentos mínimos para concorrer com as grandes empresas são inacessíveis, ou pelo menos insuficientes para que se gere um produto competitivo se considerada a margem de lucro pretendida.

Isso significa que, de uma forma ou de outra, seja porque o pobre não consome, seja porque consome de maneira inconsciente, levado pelas ondas da atualidade, certo é há uma grande negligência em relação a essa avalanche de seres humanos vivendo de maneira cada vez menos justa e digna. Sung (2008), inclusive, descreve essa tendência consumista como uma busca pelo paraíso. O capitalismo promete que o paraíso é alcançado pelo consumo em abundância, que satisfaz e eleva o ser humano. Entretanto, segundo o autor:

> Estamos num dilema: para se atingir o paraíso (a abundância de consumo) é necessário abandonar o espírito de caridade cristã, de solidariedade para com os mais fracos. Para se atingir o paraíso capitalista é preciso criar uma cultura de insensibilidade social, ou, como disse o ex-ministro Roberto Campos, "uma mística cruel do desempenho e do culto da eficiência". Mas como uma mística pode ser cruel? E como uma mística cruel pode ser algo bom? Mística é o caminho para o bem, a força que nos faz superar as tentações do pecado. (SUNG, 2008, p. 79).

Pelo que se vê, a mística perdeu seu sentido, ou houve uma tentativa de dar à crueldade uma falsa aparência de mística. Assim, uma possível crise religiosa, mais precisamente da religião cristã, que se rende ao espírito do consumo, do desempenho, do espetáculo, precisa ser diagnosticada e, urgentemente, ter seu caminho corrigido. A primeira separação apontada pelo autor é de origem filosófica co-religiosa em que "a questão se materializa, primeiramente, na relação criador – criatura – criação". Nesse modo de saber, separa-se o criador da criatura e não se considera a criação como sagrada. O mundo, portanto, não é Deus e, por isso, "a humanidade não tem responsabilidade quanto ao uso sustentável da natureza, e nem há freios teológicos e espirituais para sua exploração" (DIETRICH, 2018, p. 63).

Com o avanço das ciências modernas, as separações se multiplicaram. Outros povos, culturas e crenças passaram a ser vistos como inferiores e desprezíveis. O mundo tornou-se desespiritualizado, impessoal, submetido aos conceitos da razão ocidental que assiste em uma crescente cisão na sociedade "entre população geral e o mundo dos especialistas, o dos iletrados e dos letrados, da tradição escrita e da tradição oral. Na religião reforça-se a separação entre o sagrado e o profano" (DIETRICH, 2018, p. 63). A aceitação dessas e outras formas de separação, herdadas da Europa na modernidade, estabeleceu no mundo uma consciência colonial. Os saberes e as crenças passaram a ser colonizados e submetidos à cultura europeia que se difundiu nas Américas como única cultura humana e universal, excluindo radicalmente todas as outras formas de ser e saber. O pensamento colonizador e a hermenêutica colonizada alcançaram as importantes áreas das ciências sociais, da filosofia, da teologia, e até mesmo do direito, implicando na negação dos direitos do coletivo e o reforço do direito individual privado. Assim, "o modelo liberal de organização da propriedade, do trabalho e do tempo adquiriram hegemonia como a única forma de vida possível" (DIETRICH, 2018, p. 65). Além disso:

> Também na América Latina, as ciências sociais, a filosofia e a teologia, na medida em que se fundamentaram nesta objetividade universal, estiveram impossibilitadas de abordar os processos histórico-culturais diferentes daqueles postulados pelo

> idealismo eurocêntrico. Dessa maneira, negaram, por muito tempo, às expressões culturais, e especialmente às religiosas, toda possibilidade de dignidade, lógicas ou cosmovisões próprias. (DIETRICH, 2018, p. 66).

Por sua vez, Oliveira (2022) fala da crise na epistemologia gerada pela negação, por parte do colonialismo e suas práticas discursivas, das diferentes identidades culturais e saberes plurais. O que o autor chama de epistemologia da coisificação, que se põe como soberania epistêmica da ciência moderna, se mostra cada vez mais pobre e falida. Uma vez que, "deixou ininteligível a realidade psíquica que caracteriza o vivo, com isso, não foi capaz de pensar o conceito da natureza como um todo atuante" (OLIVEIRA, 2022, p. 24). Se faz necessário, diante dessas identificações, reconhecer o colonialismo como uma dominação no campo da epistemologia que se demonstra como uma relação extremamente desigual de saber-poder. Ao reconhecê-lo, reconhecemos também a necessidade de uma epistemologia que abrigue as realidades culturais, éticas e históricas locais, propostas como "Epistemologias do Sul". Santos e Meneses explicam que:

> Trata-se do conjunto de intervenções epistemológicas que denunciam a supressão dos saberes levada a cabo, ao longo dos últimos séculos, pela norma epistemológica dominante, valorizam os saberes que resistiram com êxito e as reflexões que estes têm produzido e investigam as condições de um diálogo horizontal entre conhecimentos. A esse diálogo entre saberes chamamos ecologia de saberes. (OLIVEIRA, 2022, p. 26).

Buscar um intercâmbio entre os saberes e a pluralidade das experiências se torna um passo em direção a uma nova ética. "Nenhuma ética anterior vira-se obrigada a considerar a condição global da vida humana e o futuro distante, inclusive a existência da espécie" (JONAS *In:* OLIVEIRA, 2022, p. 27). Hoje, com a falência dos modelos éticos que se impuseram e que colocam em risco a vida como um todo – a humana e a ecológica –, uma nova concepção de direitos e deveres, de justiça, igualdade e espiritualidade se fazem necessárias. O problema dos modelos tradicionais é a má-compreensão da natureza em geral e da vida em particular, que só podem ser resolvidos por meio de uma nova ética.

Um modelo de vida em que se resgata a identidade dos povos, bem como sua integração à natureza e seus saberes, parece ser o único caminho alternativo para que o mundo não entre em um colapso geral. É necessário superar os grandes modelos de capitalismo, liberalismo econômico e eurocentrismo que incutem outros modelos mais privados como o machismo, a predominância da raça branca, a desintegração com a natureza e o crivo obrigatório das ciências exatas. No caso das Epistemologias do Sul, é necessário resgatar a identidade, os saberes e a liberdade de:

> "povos ribeirinhos, indígenas, afrodescendentes, quilombolas, quebradeiras do coco de babaçu, catadoras de mangaba, seringueiros, camponeses, pantaneiros, posseiros, povos faxinalenses, comunidades de fundo de pasto, povos de cultura cigana, povos de terreiro, pescadores, caiçaras, extrativistas, pomeranos, retireiros do Araguaia etc. Todas essas identidades são reconhecidas em seus saberes tradi-

> cionais, baseados em uma relação de mais respeito e responsabilidade com a natureza. Ao cuidarem das águas e da biodiversidade em geral, sua medicina, sua cultura, sua religião, seus mitos, seus valores e saberes são construções históricas baseadas em outros vínculos sociais, no respeito ambiental e em uma convivência pacífica com os demais seres vivos. (OLIVEIRA, 2022, p. 29).

A religião cristã, que poderia despertar a consciência social a partir, primeiramente, do exemplo de um Deus que se fez humano e, nessa condição se fez servo de todos os humanos, acabou aderindo ao modelo imperial. É apresentado um discurso sobre um Deus que está acima de qualquer outro Deus, um Deus que é um rei que está acima de seus súditos e um senhor que castiga seus servos.

É importante destacar que o viés colonialista não se encontra apenas no modo de se ler a Bíblia. Dietrich (2018, p. 67) adverte para uma escrita imperialista dentro do próprio texto bíblico que exige, nesse sentido, atenção ao contexto histórico das narrativas, percebendo quando aparecem sustentando projetos de poder e dominação contrários à justiça divina. Mesmo esses textos foram canonizados como inspirados por Deus ou, como menciona o autor, "Palavra de Deus". Não cabe, aqui, uma discussão sobre o conceito de Palavra de Deus, sobre as dogmáticas da inspiração divina, tampouco sobre os processos, períodos e meios pelos quais a canonização dos textos da Bíblia cristã se deram. Certo é que, contrariando a essência do ministério de Jesus, algumas chaves de leitura da Bíblia, ao longo da história, se tornaram cada vez mais individualizadas e menos comunitárias, mais voltadas ao consumo e acúmulo e menos à satisfação e partilha.

4.2 O Caos na contemporaneidade: dilemas pessoais

o conteúdo do livro "Sociedade do Cansaço", de Byng-Chul Han, filósofo sul-coreano radicado na Alemanha, foi decisivo para as reflexões neste livro sobre *tov em* Gênesis 1. A obra, escrita originalmente em alemão por Han, no ano 2010, foi traduzida para o português em 2015 pela Editora Vozes, e já contou com algumas reimpressões posteriores. O livro, de volume pequeno e objetivamente escrito, tornou-se *best seller* em todos os países em que foi traduzido. Nele, o autor retrata um novo modelo social que pretende descrever principalmente as sociedades globalizadas, identificando novas síndromes que parecem se disseminar desenfreadamente entre os diferentes grupos humanos que, a despeito de suas culturas, tradições e religiões, parecem ser dominados e escravizados pelo mesmo dilema: o cansaço.

Assim, propõe-se neste tópico o acompanhamento de algumas ideias de Han. Com a voz semelhante à de um profeta, ele defende que:

> Visto a partir da perspectiva patológica, o começo do século XXI não é definido como bacteriológico nem viral, mas neural. Doenças neurais como a depressão, transtorno de déficit de atenção com síndrome de hiperatividade (TDAH), Transtorno de personalidade limítrofe (TPL) ou Síndrome de Burnout (SB) determinam a paisagem patológica do começo do século XXI. Não são infecções, mas infartos, provocados não pela negatividade de algo imunologicamente diverso, mas pelo excesso de positividade. Assim, eles escapam a qualquer técnica imunológica, que tem a função de afastar a negatividade daquilo que é estranho. (HAN, 2017, p. 8).

Aparentemente, o que Han está descrevendo é ínfimo se comparado aos graves cenários de pobreza, fome e pestes que assolam o mundo. Entretanto, a lógica que aqui se pretende apresentar é justamente a de que esses cenários mencionados são crescentes em consequência daquilo que Han detecta na sociedade atual. Para ele, a nitidez do campo biológico, que define com clareza sua atuação imunológica, se perdeu e foi substituído por um discurso imunológico social caracterizado pela alteridade e estranheza. Com isso, ele quer dizer que "em todo o âmbito social, ali foi inscrita uma cegueira: pela defesa, afasta-se tudo o que é estranho", e qualquer elemento estranho se torna uma ameaça, mesmo que não represente qualquer perigo. Assim, "é eliminado em virtude de sua alteridade" (HAN, 2017, p. 8-9).

A sociedade apresenta-se cada vez mais como um coletivo de pessoas indiferentes às outras, sobretudo quando elas possuem uma realidade social, cultural e religiosa diferente. As pessoas tendem a não querer lidar e conviver com a estranheza e com a alteridade. "O sistema imunológico *biológico* é mais hospitaleiro do que se admitiu até o presente. Não conhece nenhuma xenofobia. É mais inteligente, portanto, que a sociedade humana com xenofobia" (HAN, 2017, p. 10). Han explica que o sistema imunológico natural do organismo humano, ao absorver algo identificado como estranho ou diferente, irá tentar combatê-lo quando representar perigo à saúde e sobrevivência. Contudo, o outro, o diferente ou estranho ao padrão dominante, como um imigrante e um refugiado, não são avaliados como possíveis reais perigos à sobrevivência dos membros dessas sociedades. Eles são vistos como um peso, um fardo, ou uma responsabilidade que não é própria àquela comunidade.

Desse modo, se feito um paralelo com os animais, percebemos que a luta pela sobrevivência não pode ser vista como caos. Um leão que caça sua presa, um gorila que protege o seu bando, uma ave que alça voo em busca de alimento, não tornam o ecossistema um caos. Seria ingênuo pensar num mundo em que a harmonia depende da eterna sobrevivência de cada ser, como são os mitos do paraíso. Os idealistas, com suas utopias, podem tentar propor uma realidade assim, mas ela já se provou há muito impossível. Diferente disso, o caos se instala quando, ultrapassadas as questões da sobrevivência e dos ciclos naturais do ecossistema, se instaura na consciência global outros padrões lógicos que não o natural. Isso, para Han, se dá pela falta da negatividade, ou seja:

> É bem verdade que os adoecimentos neurais do século XXI seguem, por seu turno, sua dialética, não a dialética da negatividade, mas a da positividade. São estados patológicos devidos a um exagero de positividade. (HAN, 2017, p. 14).

Nesse sentido, o exagero de positividade se torna responsável pela violência que se pratica socialmente. Não uma violência que se pratica contra o diferente por sobrevivência ou por ação imunológica, mas uma violência que se pratica pelo igual em direção ao seu igual. Para Han, a positividade violenta está na superprodução, no superdesempenho, na supercomunicação, na falta completa da negatividade. Por negatividade, entende-se o modelo social disciplinar do limite, em que a falta de direito a algo reflete o limite que encontra o direito e o espaço do diferente. Mas, no modelo social no qual encontramos os sujeitos da produção e do desempenho, "o *poder* ilimitado é o verbo modal positivo da sociedade" (HAN, 2017, p. 24). A consequência disso é uma desregulação crescente em que indivíduos depressivos e fracassados são capatazes do inconsciente social que pretende maximizar, em nível contínuo, a produção e o consumo.

Han (2017, p. 27) atenta, ainda, para uma violência sistêmica, provocada por esse novo modelo social, em que os seres não estão cheios, nos seus limites de deveres e obrigações, mas esgotados pelo esforço de terem que ser produtivos. Isso implica em uma "carência de vínculos, característica para a crescente fragmentação e atomização do social". Segundo o autor, essa é uma sociedade que produz infartos psíquicos, que consome até a alma dos seres que, em uma ilusão de estarem livres, tornaram-se escravos de si mesmos e incapazes de produzir defesas, como faria um sistema imunológico.

Nesse sentido, percebe-se que o ser humano pós-moderno se perdeu em seu poder. O que Nietzsche propunha como realidade futura para a humanidade que alcança o modelo de obedecer apenas a si mesmo, tinha como paradigma a categoria da saúde em que habita a felicidade. Porém, o humano do século XXI obedece a si mesmo, enquanto escravo de sua consciência tomada pelo sistema de produção, consumo e poder. Portanto, enquanto causa violência no mundo de maneira geral, também causa violência e desintegração a si mesmo.

O caos se estabelece quando, como numa espiral, sujeitos cansados e esgotados de si mesmos e de suas produções continuam produzindo em ritmo de histeria, sem qualquer capacidade emocional e física de enxergar para além do lucro. Os que o possuem, na verdade, não têm disposição para olhar para aqueles que são escravizados em seu sistema de produção. Os escravizados, por sua vez, também não reconhecem a problemática do comportamento dos escravagistas e querem, da mesma forma, tornar-se um deles, submetendo outros ao mesmo sistema. Ou seja, são iguais enquanto humanos, iguais enquanto ignorantes, e diferentes apenas no papel que desempenham.

Na atual era da produtividade, acredita-se que sempre é possível fazer mais, entregar mais, conquistar mais, se destacar mais, trabalhar mais, ganhar mais. Na atual era do *coaching*, a sociedade leva as pessoas ao delírio de que estar completo é estar no poder, cheio de títulos, medalhas, agendas e, acima de tudo, muito dinheiro. O resultado disso, como aponta Han (2017), são seres humanos vazios, incapazes de criar relacionamentos efetivos sólidos, inaptos à contemplação e ao tédio, elementos indispensáveis à mente sadia. Por consequência, são indivíduos que não estão dispostos à mudança de comportamento em prol do coletivo, do social, do outro.

Além de Han, o teólogo Jurgen Moltmann dissertou sobre a individualização dos seres humanos rendidos ao *marketing* e à superprodução. Moltmann afirmou que nas comunidades atuais, é possível identificar a seguinte situação: "de um lado, está o crescente individualismo dos homens e mulheres modernos e, de outro lado, está o marketing global de tudo, inclusive de relacionamentos" (MOLTMANN, 2011, p. 19). Com isso, o autor afirma que o novo modelo social que enfraquece as comunidades nacionais e fortalece a internacionalização das produções não desperta a consciência coletiva, mas sim a competição entre pessoas. Consequentemente, coloca-se em risco o bem-estar social, uma vez que não é um modelo capaz, ao que tudo indica, de sustentar a dignidade e a liberdade pessoal humana. No seguinte trecho, isso é esclarecido:

> Nós nos tornamos clientes e consumidores, onde quer que estejamos. O mercado se tornou a filosofia de vida, a religião secular e, para algumas pessoas, até mesmo o "fim da história". O Marketing de tudo

> destrói a comunidade, em todos os níveis, porque as pessoas são analisadas apenas de acordo com seu valor mercantil. Elas são julgadas pelo que podem realizar ou pelo que podem comprar. A comunidade familiar tradicional tem sido enfraquecida pelo excesso de trabalho de alguns e pelo desemprego a longo prazo, de outros. Sua capacidade de integração social está diminuindo. (MOLTMANN, 2011, p. 19).

Na visão do teólogo alemão, há uma crescente polarização na comunidade civil, que se divide em uma classe superior, e uma massa empobrecida, explorada por esses ricos. Entretanto, ambos os polos estão compostos por pessoas aprisionadas. Os que são exploradores, participantes da elite, donos de propriedades etc., acham-se livres. Isso, porém, ocorre porque sua percepção de liberdade está submetida ao domínio: é apenas às custas do esforço do outro, de sua exploração, que tais pessoas sentem-se livres. "Sua liberdade significa opressão para outras; sua prosperidade empobrece outras pessoas; seu poder extrai o poder dos mais fracos" (MOLTMANN, 2011, p. 20). Essa falsa liberdade conduz a um "individualismo possessivo", termo que Moltmann extraiu de Macpherson. No individualismo possessivo, cada um deseja ser dono e mestre de si mesmo, e o outro surge como um obstáculo à sua liberdade. É uma constante disputa de obter e dominar, na ilusão de assim obtê-la. O outro pode ter dois significados: o de ser insignificante e inútil, ou o de ser significante para ser dominado e explorado.

Por esses motivos, a identidade enquanto questão privada é, na verdade, uma questão pública. Ao ser uma vestimenta, substituível a qualquer momento, a questão de identidade gera impactos sociais de ordem global. A identidade não é de humanos na luta pela sobrevivência e bem-estar dos outros, e sim de indivíduos caracterizados por suas escolhas políticas lutando contra os indivíduos diferentes; de indivíduos que se identificam por uma religião, empenhados em destruir aqueles que se identificam por outra; de indivíduos que se identificam por uma raça, uma classe, uma etnia, comprometidos em excluir e marginalizar todos os que não pertencem a ela. Naturalmente, essa forma de tentar identificar-se é frustrada, pois outros comportamentos tentam suprir o vazio permanente de seres desencaixados. No capitalismo atual, o consumo é um dos maiores ópios para essa doença que assola a humanidade. A sociedade do consumo busca desenfreadamente algum resultado, alguma recompensa, alguma satisfação pelo seu constante esforço de ser.

A perda de consciência da comunidade não permite que o indivíduo alcance o que tanto procura, diferente do que propõe os discursos atuais, os livros de autoajuda, os exercícios e palestras dos inúmeros *coachings* emergentes. Ainda, o processo de globalização, nos moldes que estão propostos, diminui ainda mais a chance desse encontro entre o indivíduo e sua identidade. Para Bauman:

> A busca frenética por identidade não é um resíduo dos tempos pré-globalização que ainda não foi totalmente extirpado, que tende a se tornar extinto conforme a globalização avança; ele é pelo contrário, o efeito colateral e o subproduto da combinação das pressões globalizantes e individualizadoras e das tensões que elas geram. As guerras de identificação não são nem contrárias nem estão no caminho da tendência globalizante: são crias legítimas e companhias naturais da globalização, e, longe de deter sua marcha, lubrificam suas rodas. (BAUMAN, 2008, p. 193)

Nesse aspecto, a identidade em falta e o individualismo caminham juntos. Na busca de ser alguém entre muitos, os outros tornam-se ninguém, ou alvo de disputa. A atenção está totalmente voltada para o "eu", o "você" e o "nós" não fazem mais parte do quadro de atenção. Cada pessoa está, individualmente, em busca constante por uma identidade para pertencer. Portanto, a pobreza, a fome, a falta de higiene, a crise na saúde, as mortes dos refugiados em meio ao mar, as guerras nos outros países, não importam: "não são de minha responsabilidade". Na teologia, podemos chamar isso de crise de solidariedade. A solidariedade é o termo que se opõe à sociedade de indivíduos privados, individualizados e fracionados, que produz pobreza, doenças, escassez e destruição ambiental. As crises ambientais são consequências desse processo de descaso e desatenção com o que está para além de si. Sobre isso, Moltmann (2011, p. 27) afirma: "A terra tem sido, estupidamente, palco de permanente exploração de seus recursos materiais e sido recipiente silencioso do lixo humano".

Sobre a solidariedade como oposição à sociedade do consumo, da globalização, do capitalismo e do cansaço, é uma solidariedade de cunho teológico e que também se apresenta deficitária nas comunidades cristãs. Talvez porque elas tenham sido demasiadamente envolvidas pela proposta de mundo moderno e pós-moderno e, enquanto comunidade, não sabem mais seus papéis comunitários. Assim, a solidariedade baseada na misericórdia, deu lugar à ideia de castigo e recompensa. Ou seja, aquele que está em situação vulnerável, de fragilidade, não se esforçou o bastante e não fez por merecer outro lugar. Entretanto, quando se fala em consciência cristã, a solidariedade é uma prática que faz parte da identidade original do ser humano à imagem e semelhança de seu criador.

Nolan (1987, p. 93) afirma que a solidariedade é o termo que define, mais do que qualquer outro, os conceitos fundamentais da Bíblia. Para ele, é em Jesus que a solidariedade é vista com total clareza, se estendendo a todos os seres humanos, independente de suas condições e características. Por outro lado, o autor irá chamar de "Reino de Satanás" todos os modelos sociais em que a solidariedade se apresenta de forma exclusivista e egoísta. Quando a solidariedade é praticada somente para os merecedores, os que alcançaram a graça, os que possuem algo para dar em troca, os que atendem as vias de interesse, isso não pode ser considerado solidariedade. "A solidariedade com os 'ninguéns' deste mundo, com as 'pessoas descartadas', é a única maneira concreta de viver na prática a solidariedade com a humanidade" (NOLAN, 1987, p. 94).

É importante esclarecer que solidariedade não é o mesmo que empatia. Tomar consciência da situação dos "ninguéns deste mundo", como chamou Nolan, não é suficiente. Gressler e Friedrich, em relação a isso, afirmam:

> Todavia, é mister esclarecer que a solidariedade não se confunde com a empatia, pois são atividades diferentes em sua essência. A solidariedade passa pela empatia, mas nela não se encerra, vai além dela. Enquanto a empatia é a capacidade de se colocar no lugar do outro e somente isso, a solidariedade consiste na preocupação com a situação alheia e na tomada de ações para minimizar o sofrimento do próximo. Ou seja, a diferença está na ação. (GRESSLER; FRIEDRICH, 2018, p. 8).

A solidariedade exige uma proatividade em direção ao outro e à melhora de sua condição. Porém, tem sido cada vez mais difícil a encontrar em uma sociedade que possui inclinações individualistas e egocêntricas. A solidariedade não é apenas um conteúdo teológico: no Brasil, é princípio fundamental previsto na Constituição Federal de 1988. Nos objetivos da República, previstos no artigo 3º, estão a busca por uma sociedade livre, justa e solidária, que almeja a igualdade substancial das pessoas, a dignidade humana e a solidariedade social. Ou seja, o princípio da solidariedade enquanto lei maior é "diminuir a desigualdade social e aumentar a qualidade de vida de seus cidadãos" (GRESSLER; FRIEDRICH, 2018, p. 6).

A questão que se impõe aqui é de que a solidariedade, apesar de ter sido estabelecida como uma busca coletiva, depende de uma consciência individual para o coletivo - uma consciência individual inclinada, debruçada, voltada para o coletivo. Por isso, se essa consciência está em crise, a solidariedade também está em crise. Consequentemente, surgem problemas que podem ser resumidos em pobreza e miséria. Além disso, a solidariedade é também afetada pelo modo de vida contemporâneo em que o excesso de informações, recebidas nas diversas plataformas *online* e conexões rasas, proporcionadas por essas mesmas plataformas, gera cansaço e insegurança. São inúmeras as notícias sobre mortes, doenças, pedidos de ajuda, ONGs com páginas nas redes sociais, chamadas para ofertas coletivas por causas individuais, e "*fake news*", disseminadas sem controle algum.

Diante de tantas fotos e vídeos expostos nos "*feeds*" de plataformas como o *Instagram* e o *Facebook*, os olhos já nem mais percebem a tristeza e a dor que de fato pode existir nessas realidades publicadas. As mentes se tornaram treinadas para passarem por uma foto de uma criança comendo lixo e, logo na sequência, rirem de uma piada ou se interessar pela compra de um bem de consumo. Em questão de milésimos de segundos, as mentes se tornam imunes ao sentimento que gera movimento em prol do outro.

É diante desses dilemas que afetam a contemporaneidade que ocorre a busca pelo aporte teológico do relato da criação de Gênesis 1,1-2,4a e, em especial, do significado aplicativo de *tov* para auxiliar no caminho de uma releitura escriturística. Por meio dela, se possibilita a transformação necessária para a representação da vontade do Deus criador para a humanidade.

4.3 Tov como paradigma para uma sociedade plena

Até aqui foram apresentados dados e reflexões sobre a situação da humanidade, tanto de forma global quanto com foco no Brasil, e concluiu-se que é necessária uma mudança de paradigma para que os seres humanos reencontrem o sentido e a razão de ser. Diante dos desafios apresentados nos tópicos anteriores, neste tópico pretende-se, à luz dos significados de *tov*, propor um modelo de vida que gere esperança por dias melhores e no qual todos os seres humanos possam alcançar justiça, dignidade e harmonia.

Uma nova realidade se propõe em Gênesis 1,1–2,4a, e a pergunta que orienta este último ponto é: De que forma a leitura dessa nova realidade, proposta no primeiro texto de Gênesis, pode se tornar um paradigma para a sociedade contemporânea quando lida à luz de *tov*? Em sentido prático, como o texto da criação pode propor no caos do século XXI uma nova criação, com novos sentidos, novas formas de se relacionar com o outro, consigo mesmo e com Deus, em busca de uma vida considerada plena?

É preciso apontar que, se o mito da criação apenas descrevesse a aparição dos elementos por meio da palavra divina, e nada mais fosse dito sobre eles, seria semelhante a um resumo em tópicos do que Deus criou, sem nenhuma expressão significativa. Se ali estivesse apenas o imaginário do que foi criado por Deus, sem nenhum acréscimo, a mensagem seria vazia. A esperança não está no simples fato de o sol ou o mar terem sido criados por Deus. Também não está no fato dos humanos terem sido criados por Deus. Essas afirmativas por si só não expressam nada sobre Deus nem sobre o mundo. A perspectiva de que a narrativa da criação pretende expressar um domínio ditatorial de Deus sobre a sua criação, torna a narrativa mais uma ferramenta das formas colonialistas e imperialistas, com a ausência dos ricos detalhes dos quais a mensagem transborda.

São nos detalhes do texto e, principalmente, na interpretação de *tov*, que a mensagem se torna mais clara e a esperança se revela. É por meio dos significados desse adjetivo, que a justiça, a dignidade e a harmonia se constroem no texto e se apresentam como projeto de Deus para o mundo. Por meio dessa expressão, os elementos são interligados e funcionam adequadamente. Como visto no Capítulo 2 deste livro, *tov* indica que cada elemento é criado com um propósito, apto para desempenhar sua função e se desenvolver, ser satisfatório. Desse modo, cada elemento visto como *tov* é partícipe na construção do bem-estar comum, tanto em sua contribuição econômica de sustento da sociedade humana (justiça), quanto em suas funções de reputação (dignificação) e beleza (harmonia). Não é o elemento em si que traz o bom funcionamento da criação, mas o fato de ser *tov*, de ter um propósito, uma função (LOZA, 2005; SMITH, 1955).

Ainda que Schwantes (1989, p. 32) defenda que "a reivindicação do sábado e a crítica aos ídolos são uma espécie de motor de nossa unidade. Puxam o texto. Direcionam-no. Também se poderia dizer que são seus dois pilares", a proposta aqui feita é de que *tov* funciona como motor e direção da interpretação do texto. Na visão de Schwantes, o sábado e a anti-idolatria "fixam parâmetros para a existência". Entretanto, aparentemente, não se trata apenas do descanso e de assegurar o culto a Javé, mas de expressar uma forma de ser e viver em meio ao caos, de resistir diante das inúmeras dificuldades de quem perdeu sua identidade, sua terra, sua família, sua cultura, seus costumes e sua posição social. Com isso, não se pretende diminuir a rica importância do sábado enquanto descanso, nem da submissão dos ídolos a Deus, por quem teriam sido criados. Pretende-se, antes de tudo, fixar os parâmetros norteadores do texto que servem de combustível para tornar a mensagem do mito uma realidade concreta em outro ponto, a saber: *tov*.

Assim, estudar o texto a partir da repetição do *tov* (isto é, a partir da insistência em atestar que os elementos contêm uma função, são aptos para desempenhá-la, são apropriados para tal função, são agradáveis, são prazerosos), é estudar o texto a partir de suas relações e aplicações estruturais, sociais, individuais e comunitárias. É uma forma de demonstrar a conexão entre os sujeitos e a natureza, além da conexão entre as formas de expressar e sentir o que está dentro e fora de si. É um grande desafio romper a barreira do abstrato, onde se encontram os sentimentos, pensamentos, desejos e paixões, para que se possa entrar no campo do concreto e comum, necessários e indispensáveis ao bem-estar planetário não só dos humanos, mas de toda a terra.

4.3.1 Aplicações de tov para o alcance da justiça

Ao considerarmos o primeiro grande ângulo pelo qual interpretamos a aplicação de *tov*, que é o da justiça, em vista da natureza do relato, amplamente explorada no capítulo primeiro deste livro, é possível dizer que, por meio do reconhecimento da justaposição de cada um dos elementos, o autor pretende superar os difíceis dilemas de se viver em um mundo injusto, envolto em estruturas que são mecanismos da prática do mal e da destruição em suas diversas esferas. Da mesma forma, é preciso, hoje, pensar na criação como um modelo de superação das formas ordinárias de sociedade. Campusano, em uma análise sobre a temática, escreve:

> Me vem à mente Edgar Morin (2015, p.22) quando afirma que "a compreensão humana não se ensina em lugar nenhum. Mas o mal da incompreensão destrói nossas vidas, determinando comportamentos aberrantes, separações, insultos, desgostos." Por isso, acho pertinente pensar a justiça em relação a uma nova criação, como proposta de bem viver. (CAMPUSANO, 2019, p. 112).

A justiça na Bíblia se apresenta como uma imagem de Deus que se projeta no mundo e supera os grandes dilemas estruturais. Parte da natureza e do compromisso de Deus busca proporcionar um ambiente em que novas relações surgem e novas ações se concretizam. As reflexões de Campusano sobre a justiça de Deus também apontam que:

> Se assim for, trata-se de uma tarefa humana de relações sociais complexas, nas quais a clara dimensão religiosa faz aparecer também o paradoxal. No texto

> que focamos o estudo, confirma-se que a justiça aparece com um significado global para a pessoa, quem é justo é quem concorda com os planos de Deus. (Ibid., p. 119).

Como paradigma, em *tov* é estabelecido um compromisso de viabilizar que todas as estruturas cumpram suas funções de propiciarem o sustento e o desenvolvimento da criação em seus âmbitos econômicos e sociais. Esse dado confronta diretamente o caos contemporâneo em que vivenciamos a insegurança econômica, seja de terra, alimentos, saúde, conhecimento. Esse é um tema amplamente debatido pela ONU, inclusive compondo parte das cartilhas da Agenda 2030. Ele é também uma das preocupações que Westermann (2004) expressa em seu comentário sobre Gênesis. As igrejas contemporâneas não têm se relacionado com o projeto criacional. Os textos da criação são de fato negligenciados: suas teologias o ignoram, seus estudos não o incluem. O autor alerta, também, que os reflexos desse distanciamento da criação são problemas e perigos que só poderão ser solucionados em escala mundial.

A aplicação da justiça e igualdade entre os diferentes seres humanos não está apenas naquilo que lhe é intrínseco, mas naquilo que lhe é de dever e direito. Não contente com uma criação igualitária, que carrega o reflexo de seu criador, o texto diz que "Deus os abençoou e lhes disse: 'Sejam fecundos, multipliquem-se, encham e submetam a terra; dominem os peixes do mar, as aves do céu e todos os seres vivos que rastejam sobre a terra'" (Gn 1,28). Trata-se de assumir que nenhum ser humano deve dominar sobre outro ser humano, e que todos, conjuntamente, devem dominar sobre a terra. O que comumente escutamos ser um mandato de Deus, torna-se, também, um direito e um exercício da justiça. Para cumprir essa função, é preciso que todos tenham acesso aos mesmos recursos fundamentais. Com isso, o texto devolve aos marginalizados pela opressão política dominadora, a posição de serem donos da terra, proprietários do solo e controladores dos recursos naturais. É um projeto que vai na contramão do sistema contemporâneo que, injustamente, limita o domínio do desenvolvimento da vida a uma pequena parcela da população.

Além disso, é preciso destacar que o domínio descrito no texto não é um aval para tratar a terra ao seu bel prazer. O ser humano deve reconhecer a terra enquanto sujeito de justiça. E, para funcionar de forma justa ou ajustada, precisa ter assegurada suas habilidades orgânicas e sociais. Os elementos descritos em Gênesis 1 representam não apenas uma contra-argumentação às divinizações e aos cultos à natureza na Babilônia, mas também uma ressignificação da importância e da necessidade de uma postura adequada, que é justa diante deles. O desequilíbrio ambiental pode aniquilar a vida humana na terra - a falta de água potável, os lixos nos oceanos, a destruição de solos férteis para construção de grandes prédios, fábricas etc., a extinção cada vez maior de animais essenciais para desenvolvimento das cadeias alimentares, são todos fatores temidos nos atuais fóruns de ecologia.

A evolução do conhecimento humano e suas capacidades criativas precisam estar a serviço da evolução da criação como um todo. A terra boa é a terra acessível a todos. Mazzarolo (2021, p. 176) chamará isso de espiritualidade cósmica, uma consciência subversiva sobre a terra, que não a aceita como fonte de disputas, desigualdades, privilégios e maldades, mas sim como necessidade de todos, própria para todos, e parte de todos.

Se Harari (2018, p. 14) está correto em sua tese comentada anteriormente, em que afirma que o que uma pessoa faz em sua rotina diária influencia a vida de outros seres, humanos, animais e plantas, mesmo do outro lado do mundo, então, podemos vislumbrar uma ação pontual dos indivíduos cristãos ao buscarem implementar uma prática de justiça de forma coletiva a partir de suas comunidades eclesiais. Nelas, é preciso encontrar um espaço aberto para a inclusão do diferente, que deve se sentir abraçado, respeitado e, quando preciso, ser cuidado. Também, uma disposição à partilha, tanto financeira quanto emocional. A Igreja fomentadora da justiça, por meio dos fiéis, deve perceber, em cada ser humano, o reflexo de Deus e, assim, tratá-lo de forma digna. Muitos discursos religiosos trocaram a mística pelo show, a ajuda pela exploração com arrecadações de riquezas incontáveis. É preciso resgatar a essência cristã do serviço, da entrega, do comum, da contemplação, da graça e da piedade. Ainda que sem apoio do Estado, individualmente cristãos em qualquer lugar podem agir em prol da justiça, assim como descreveu o evangelista Mateus 25,34-40:

> Então o Rei dirá aos que estiverem à sua direita: 'Venham vocês, que são abençoados por meu Pai. Recebam como herança o Reino que meu Pai lhes preparou desde a criação do mundo. Pois eu estava com fome, e vocês me deram de comer; eu estava com sede, e me deram de beber; eu era estrangeiro,

> e me receberam em sua casa; eu estava sem roupa, e me vestiram; eu estava doente, e cuidaram de mim; eu estava na prisão, e vocês foram me visitar'. Então os justos lhe perguntarão: 'Senhor, quando foi que te vimos com fome e te demos de comer, com sede e te demos de beber? Quando foi que te vimos como estrangeiro e te recebemos em casa, e sem roupa e te vestimos? Quando foi que te vimos doente ou preso, e fomos te visitar?' Então o Rei lhes responderá: 'Eu garanto a vocês: todas as vezes que vocês fizeram isso a um dos menores de meus irmãos, foi a mim que o fizeram.'

O que o texto acima mencionado demonstra, é que as práticas de justiça são práticas sociais, comunitárias, públicas; são práticas que se estendem até as periferias, nos lugares em que o poder público muitas vezes não chegará. É nesses lugares que o *tov*, enquanto justiça, se aplica, pois nesses espaços encontra-se o reflexo de Deus, a identidade humana, o direito de ser olhado e acolhido.

Porém, é preciso se atentar, pois em meio às disputas de classe, o senso de justiça cristã pode se confundir com a humana e perder seu foco e fundamento. Moltmann (2011, p. 25) adverte que "não são apenas os ganhadores — os perdedores também adotam por si mesmos a escala pública de valores, que se baseia em competição". Os explorados não compreendem sua situação a partir de uma luta pela verdadeira liberdade e equidade, mas lutam para que da condição de oprimidos, consigam chegar ao posto de opressores. São pessoas que aderiram ao modelo da produção e do *marketing*, e assim passaram a se enxergar a partir do seu valor de *performance*, que fazem um autojulgamento a partir do desempenho como fornecedores *versus* consumidores.

O modelo social ora descrito não permite salvaguardar a verdadeira liberdade, nem permite proteger a dignidade humana. Ambas, na concepção de Moltmann (2011, p. 21), só podem ser garantidas quando os indivíduos se tornam capazes de viver em comunidade e são para ela preparados.

A capacidade e o preparo para a vivência em comunidade é o desenvolvimento da aptidão para o relacionamento do eu, tu e nós, do eu-comigo e eu-contigo: "Na rede de relacionamentos, a pessoa se torna o sujeito humano que pode dar e receber, ouvir e fazer, experimentar e trocar, ouvir e responder. Sem comunidade, uma pessoa não pode ser uma pessoa" (MOLTMANN, 2011, p. 21). Buttera (2013) explica que o presente século é marcado por pessoas cuja experiências de vida são vazias, mecânicas e sem sentido. Os valores do materialismo que conduzem ao individualismo são provas de que não sustentam as necessidades mais intrínsecas do ser humano, levando-o à solidão e à exclusão. Sobre isso, Rollo May afirma:

> O ser humano não pode viver em estado de esvaziamento por muito tempo; se não evolui em direção a algo, não é capaz de permanecer parado; as potencialidades reprimidas se transformam em morbidade e desespero, podendo tornar-se atividades destrutivas. (BUTTERA, 2013, p. 34).

A desconexão – e talvez desconhecimento – do ser humano em relação à sua função original, gera o sentimento de impotência, não pertencimento, inutilidade, dentre outros, os quais são escondidos atrás de um personagem de alto desempenho. Na verdade, "trata-se do conflito subjacente aos comportamentos de cansaço diante da existência, que podem denotar falta de autonomia e incapacidade para enfrentá-la com a calma e integridade" (BUTTERA, 2013, p. 35). Na visão de Buttera, esse conflito costuma ser o motivo de muitos transtornos individuais e sociais, uma vez que gera a ruptura de ideais básicos para o direcionamento da vida com condições qualitativas integrais. Nesse contexto, o indivíduo cansado, vazio, confuso e perdido, na busca de encontrar um lugar de descanso, acredita que esse lugar será aquele apresentado pelos modelos capitalista e imperialista, defensores da ideia de que, ao alcançar poder, riqueza e fama, se alcança o bem-estar.

Esse processo de alienação existencial se dá pela "carência de modelos significativos, de essência transcendente" (BUTTERA, 2013, p. 35), em que não sabemos exatamente quem somos, ou seja, não há parâmetros para refletir a identidade existencial de forma significativa. Bauman (2008) afirma que os discursos em torno do significado da identidade explodiram nos últimos anos, de forma que, aparentemente, foi o que mais atraiu a atenção de filósofos, cientistas sociais e psicólogos contemporâneos. Isso porque, através dos conceitos de identidade, outros aspectos da vida humana passaram a ser localizados e examinados na contemporaneidade. Bauman propõe que:

> Por exemplo: a discussão sobre justiça e igualdade tende a ser conduzida em termos de "reconhecimento". A cultura é debatida em termos de diferença individual, grupal ou de categoria, miscigenação e hibridização, enquanto o processo político ainda é teorizado com maior frequência em torno das questões dos direitos humanos (o direito a uma identi-

> dade separada) e da "política da vida" (a construção, negociação e afirmação da identidade). (BAUMAN, 2008, p. 179).

Essa nova preocupação que se concentra no discurso da identidade tem uma razão de ser: o desaparecimento dela. Quando não mais notável e disponível, fácil de ser compreendida e identificada, torna-se, então, notória. Bauman (2008, p. 181) explica que a natureza humana, antes vista como "um legado durável e que não deveria ser revogado de uma Criação divina, foi jogada, com o resto da criação divina, em um cadinho". Essa natureza humana deixa de ser vista como dada e, em vez disso, agora é um status a ser conquistado, uma tarefa que precisa ser executada com o melhor desempenho possível. A identidade passou a ser adaptável a ideias como vocação e projeto de vida; não era suficiente a identidade estar centrada no "ser um humano", tornou-se necessário algo para a preencher e a legitimar dentro dos padrões impostos pela globalização.

A identidade, ou melhor, a falta dela, está diretamente ligada à escassez ostensiva de relacionamentos sólidos. Isso, na verdade, é resultado de uma questão pública, não privada. Assim, o caos, o vazio, a falta de forma no pensar e conceber a identidade humana, está intimamente ligado às formas com que a vida moderna e pós-moderna se desenvolve. Nas palavras de Bauman:

> O que a ideia de individualização traz é emancipado do indivíduo da determinação atribuída, herdada e inata do caráter social dele ou dela: uma separação corretamente vista como uma característica muito clara e seminal da condição humana moderna. Em

> resumo, a "individualização" consiste em transformar a "identidade" humana de uma coisa "dada" em uma "tarefa" – e encarregar os atores com a responsabilidade de desempenhar essa tarefa e de arcar com as consequências (e também com os efeitos colaterais) de seu desempenho; em outras palavras, consiste em estabelecer uma autonomia *de jure* (porém não necessariamente uma autonomia *de facto*). (BAUMAN, 2008, p. 183).

O que deveria prevalecer enquanto sistema identitário é: por ser, irei fazer; por ser, devo corresponder; por ser, recebo a responsabilidade de. No oposto disso, se encontra a situação atual, em que fazer, corresponder e responsabilizar-se, são ações primárias na busca do ser. Entretanto, a rapidez com que as estruturas públicas e internas se desfazem e se alteram, é tão grande que não é possível traçar esse caminho de ação, reação e responsabilidade com solidez e segurança. Realizar uma identidade, portanto, se tornou um alvo alcançável para poucos. Bauman (2008, p. 186) compara esse movimento com caixas nas quais os seres humanos modernos precisam se encaixar e reencaixar a todo tempo. São caixas de vários tamanhos e estilos, com numerações e posições em constante mutação. Nenhuma delas oferece estabilidade e durabilidade, pois não há como obter nelas uma ocupação longa. Assim, o esforço de homens e mulheres em busca do encaixe e do reencaixe é constante - é preciso estar se movendo a todo tempo, sem descanso e sem a expectativa da satisfação de chegar a algum lugar no qual é possível descansar e relaxar. "Não existe a possibilidade de um "reencaixe final" no fim da estrada; estar na estrada tornou-se o modo contínuo de vida dos indivíduos (agora cronicamente) desencaixados" (BAUMAN, 2008, p. 186).

4.3.2 *Aplicações de tov para o alcance da dignidade*

Com atenção para a segunda perspectiva de aplicação de *tov* ao tema da dignidade, e com a ánalise do texto de Gênesis proposto de forma mais específica no que se refere ao ser humano, torna-se claro que ele não exclui nenhuma forma e não aponta para qualquer exclusividade: todas as pessoas são igualmente dignas. O texto não diferencia dignidade em gênero, etnia, classe social ou econômica. Ao invés disso, apresenta todos os humanos como seres criados à imagem e semelhança do próprio criador. De fato, as diversas mitologias de origem do mundo retratam a existência humana, não é uma particularidade do mito hebraico. Porém, sem qualquer ressalva, os autores de Gênesis 1 trazem uma igualdade inovadora. Nessa criação, não há disputa, brigas, meritocracia ou qualquer outro padrão. Os humanos, como acontece em Gênesis 2,4b em diante, não apenas recebem o fôlego de vida, mas carregam em si a semelhança de Deus. O reflexo dessa afirmação é especialmente importante para aquele tempo e também para o atual. Não há gênero, cor, raça, religião ou ação que possa tornar um ser humano mais ou menos digno da imagem de seu criador.

Este é um dos pontos centrais a serem abordados quando se propõe uma releitura da narrativa para a contemporaneidade: a dignificação de cada ser humano, com o reconhecimento e devolução da identidade. Na criação, em que cada ser criado é próprio e necessário, não há espaço para a homogeneização de funções, de modelos e de estéticas. O sol não deve ser lua e o pássaro não deve ser serpente. Ou seja, o brasileiro não deve ser europeu, e o africano não deve ser norte-americano. Ao invés disso, as culturas, as expressões, as línguas, devem ser respeitadas conforme são, conforme se desenvolvem organicamente. Essa autocompreensão, que se reflete na compreensão do outro, nos liberta de estruturas nocivas. Nesse sentido, pensa-se na identidade enquanto aquela que se desenvolve como influenciada e influenciadora da cultura. A identidade cultural, assim, é um elemento intrínseco à humanidade enquanto coletividade, guiando a forma como as sociedades se organizam e se percebem (JUNIOR; PERUCELLI, 2019, p. 114).

No contexto contemporâneo, a perda progressiva da identidade humana e da cultura é um dos grandes problemas a ser superado. É papel da Igreja cristã propor uma retomada da consciência de que, diante do criador, não há fronteiras e camadas que separam e qualificam os seres humanos. Aqueles que são explorados por seus semelhantes precisam saber seu valor, adquirir consciência de suas capacidades e, fundamentalmente, de sua dignidade. Atualmente, muitos indivíduos crescem acreditando que não são capazes, que são a ralé social, que não podem e não merecem um lugar digno. Da mesma forma, os exploradores que são dominados pela consciência do enriquecimento e enxergam no outro uma máquina de produção em massa, precisam vir a ter a consciência de que cada ser explorado se torna uma agressão e uma subtração da imagem divina.

Os quase trezentos migrantes que saíram do norte da África, em um bote, rumo à Itália (BBC News, 2021), e precisaram ser resgatados em condições deploráveis, carregam em si a mesma imagem e semelhança, os mesmos direitos, a mesma importância que os bilionários noticiados mensalmente pela Forbes[1]. Semelhantemente, e ainda que isso incomode grande parte da elite dos dias atuais, carregam a população

1 Cf.: https://forbes.com.br/forbes-money/2023/10/bilionarios-2023-quem-sao-10-pessoas-mais-ricas-do-mundo-em-outubro/

carcerária, que já ultrapassa 820.000 pessoas somente no Brasil (CONJUR, 2023), tratada de forma desumana como um peso morto do qual é desejoso se livrar.

Resgatar a essência da narrativa da criação em um país em que a população é majoritariamente cristã[2] – isso inclui os agentes políticos que compõem os poderes executivo, legislativo e judiciário – é indispensável e urgente. É preciso trazer à tona a consciência de que, a cada dia em que um negro é espancado e morto pela polícia[3], uma mulher é espancada e morta por um homem[4], um adolescente é explorado sexualmente, o reflexo do próprio Deus está sendo agredido, espancado e morto. Todas as vezes em que há uma disparidade entre os seres humanos, igualmente criados à imagem e à semelhança de seu criador, há indignidade, há injustiça, há desarmonia.

O processo de globalização comandado pelo capitalismo, que tem levado à crescente individualização e objetificação do outro, traz consigo o paradoxo da consciência inconsciente, na qual as pessoas criam uma consciência massiva e hegemônica em padrões de consumo sem sequer perceberem. A cultura original, a crença, a fé, se perdem e tornam-se apenas discursos distorcidos que legitimam e justificam o

2 Cf.:https://www.camara.leg.br/radio/programas/284941-especial-religiosidade-1-o-cristianismo--domina-as-crencas-no-brasil-0607/#:~:text=Apesar%20da%20aparente%20diversidade%20religiosa,3%20por%20cento%20da%20popula%C3%A7%C3%A3o.

3 Estima-se que oito, a cada dez mortos pela polícia, são negros. Confira: https://www.geledes.org.br/negros-sao-oito-de-cada-10-mortos-pela-policia-no-brasil-aponta-relatorio/?gclid=CjwKCAiA5L2tBhBTEiwAdSxJXoS5AtN8yMd8KSjkV7UH4uYo1eL7MIkC3CIgiV_Mq6vVtBIL-6yuSRoCUsMQAvD_BwE

4 Cf.: https://www.conjur.com.br/2023-ago-16/casos-feminicidio-violencia-mulher-crescem-40-justica/

novo padrão que se instaurou. Isso acaba por suprimir as práticas, as identidades e as lutas locais de tal forma, que coloca em ameaça a diversidade cultural, levando à perda de características únicas, assim como de estranhamento e ruptura com o diferente (BAUMAN, 2008).

Em tempos mais recentes, o avanço tecnológico e o advento das mídias sociais contribuíram para a intensificação desse processo. A exposição constante a padrões culturais estrangeiros, principalmente europeus e norte-americanos, muitas vezes obscurece as tradições locais, levando diferentes gerações a adotarem valores e comportamentos distintos dos seus originários. Na verdade, muitos sequer conhecem o que é próprio de sua origem e, muitas vezes, aquilo que desejam aniquilar é justamente o que lhe é original. A identidade cultural, assim, torna-se vulnerável à influência externa, algo possível de ser diluído ou mesmo substituído. Desse modo, quando percebemos que índios, negros e seus descendentes estão sendo explorados, ou quando observamos religiões de matrizes indígenas ou africanas sendo alvo de preconceitos e críticas, estamos diante de uma agressão às raízes da cultura brasileira que de maneira profunda caracteriza a nossa identidade e fere a dignidade de muitos. Em um sentido religioso, na narrativa da criação, os elementos culturais da Babilônia não são idolatrados, mas também não são ignorados. A narrativa não chama à adequação ao culto dessas divindades, mas também não as exclui, nem retira seu valor. A narrativa ajusta cada elemento em seu devido lugar e reconhece a aptidão que lhe é própria. À semelhança disso, é preciso que as teologias cristãs reconheçam o valor das diferentes culturas e formas de ser, propagando, entre seus fiéis, uma mensagem de inclusão e dignificação dos diferentes. Se como propõe Harari, a religião pode ser um caminho para o alcance do bem-estar, é pela religião que deve começar a postura de respeito e reconhecimento ao diferente.

O resultado disso é uma clara e crescente desvalorização das tradições locais em face das novas identidades impostas pela mídia global. O menosprezo ou a marginalização de práticas autóctones em favor de modelos estrangeiros conduz ao abandono gradual de elementos fundamentais para a construção da identidade humana e social brasileira. Esse é o retrato do mundo contemporâneo que não sabe conviver com o diferente, e que compreende a igualdade como um modelo único que deve ser seguido, e não como a liberdade de ser e viver com os mesmos direitos dos outros. Quando a identidade está ferida, não se sabe como estabelecer igualdade. Em um mundo que tem por paradigma o *tov* da criação, as identidades são bem definidas e, por consequência, a equidade se estabelece como forma de respeitar tais identidades.

Reconhecendo como *tov* cada elemento pertencente à cultura e ao culto de seus dominadores, os sacerdotes exilados na Babilônia também reconheceram que é possível e preciso conviver em harmonia com o diferente, com a compreensão do seu papel no mundo. No projeto de esperança proposto, os paradoxos devem se completar e os opostos coexistirem. É fundamental, portanto, que o cristianismo, em suas diversas expressões religiosas eclesiais, entenda teologicamente a necessidade de conviver com religiões de matriz africana e indígena, por exemplo, e reconheça o humano que está por trás dessas diferentes expressões. É possível que jovens e idosos convivam, ainda que mantendo as tradições de seus tempos, sem que haja uma ruptura nas relações. É possível, e necessário, que haja diálogo e respeito entre os diferentes partidos políticos, e entre os diferentes modos de praticar e expressar a fé nas ramificações do próprio cristianismo.

Além disso, a declaração feita pelos autores da narrativa da criação é também uma declaração de cunho pessoal. Enquanto escravizados, explorados e dominados, a autoconscientização de ser imagem e semelhança do criador traz a convicção de que não é preciso se entregar aos padrões e às culturas imperialistas que visam diminuir as pessoas. A imposição de uma cultura traz consigo uma série de desafios significativos que afetam indivíduos, comunidades e sociedades como um todo. Quando uma mudança cultural é introduzida, seja por razões políticas, econômicas ou sociais, surgem dilemas que testam a resiliência das pessoas e a harmonia social. A adaptação a uma nova cultura muitas vezes implica numa reestruturação profunda, com efeito sobre crenças e valores não só comunitários, mas também individuais. Indivíduos podem sentir-se perdidos em meio a uma mudança abrupta de ambiente e cultura, que coloque em xeque suas identidades, exigindo um grande esforço para sobreviver nessa nova realidade. O confronto entre a cultura original e a cultura imposta gera desconforto, medo, ansiedade, estresse e pode ser uma causa para comportamentos agressivos.

A imposição de uma cultura frequentemente desencadeia tensões sociais, já que diferentes grupos podem perceber a mudança de maneiras distintas. Falar em promoção de diálogo intercultural e valorização da diversidade como tentativa de mitigar os desafios é falar em harmonia e coesão social, em equidade e igualdade.

Também é preciso desenvolver, entre os que adotaram a Bíblia como um guia para a vida, que a criação é sujeito central da dignidade. Moltmann destaca que:

> Antes que nós começássemos a guardar e a cultivar a terra; antes mesmo que adotássemos qualquer forma de domínio sobre a Terra ou tivéssemos assumido qualquer corresponsabilidade em relação à criação, a Terra já cuidava de nós. Ela tem criado até os dias de hoje as condições ideais para a preservação da vida de todos os seres humanos. Na verdade, não é a Terra que nos foi confiada, mas sim nós que fomos confiados aos cuidados dela. A Terra pode viver sem os seres humanos e tem, de fato, feito isso há milhões de anos; mas nós não podemos viver sem a Terra. (MOLTMANN, 2014, p. 19).

A dignificação da natureza por meio das liturgias, sermões, missas e chamadas para ações comunitárias de conscientização, são algumas das muitas possíveis aplicações concretas da teologia que se extrai da criação. Moltmann aponta que um dos grandes impedimentos para que a justiça se cumpra em relação à natureza é a leitura moderna dos primeiros textos bíblicos em que o ser humano é destacado como "coroa da criação", o único sujeito dentre os demais elementos, que se tornam apenas objetos em suas mãos. O *tov*, enquanto paradigma para uma vida mais justa, digna e harmônica, resgata a atenção aos elementos como sujeitos, e por consequência dignos de terem respeitados os seus direitos. O direito, primeiramente, de desempenhar a função para o qual foi criado, o direito de evoluir, de se expandir e se reciclar. A terra não funciona como uma escrava das vontades humanas, algo para ser explorado diuturnamente em detrimento dos infindáveis prazeres humanos. Ao invés disso, funciona como um combustível à vida humana, que nutre, sustenta, completa, satisfaz. Além disso, a terra é uma expressão da criação divina que, sendo cuidada e bem desenvolvida, atesta a imagem e a semelhança de Deus nos humanos. Mazzarolo, nesse sentido, adverte:

> O universo não pode ser objeto da cobiça e da ganância de algumas potências ou de magnatas inescrupulosos. As queimadas da Amazônia, a destruição do Serrado, a poluição das águas com garimpo ilegal e eliminação das tribos indígenas para dar lugar aos animais não pode continuar. O ser humano é criatura e não criador e, o mandato de *dominar a terra,* domesticando os animais e aprimorando suas formas de vida, não lhe dá o direito de *dono*, mas será sempre um inquilino com a responsabilidade de deixar o ambiente do mesmo modo ou até melhor conservado do que quando o recebeu. As gerações futuras merecem e têm o direito de poder ver as belezas originais e não apenas escombros ou ruínas. (MAZZAROLO, 2021. p. 162).

Enquanto Igreja, comunidade que tem por base a Bíblia como prática de vida, prezar pelo ecossistema, pela fauna e pela flora, pelo perfeito desenvolvimento planetário, é uma obrigação. A integridade física do planeta é tão importante quanto a integridade física de todos os seres humanos. Nela também está a satisfação humana, não só no sentido de saciar a fome com solo fértil e a sede com as fontes de água potável, mas de satisfazer a alma humana com seu esplendor.

4.3.3 Aplicações de *tov* para o alcance da harmonia

Por fim, tomando a perspectiva de aplicação de *tov* que trata do tema da harmonia, observa-se que o adjetivo hebraico procura conectar o relato da criação de seu início ao fim. Apesar de cada etapa da criação receber a mesma expressão, ao final de tudo encontramos o ápice afirmativo: é muito bom. A dinâmica da harmonia se expressa quando cada um dos seres criados está pleno e identificado. Não há disfunção, não há ruptura, não há exclusão. Os seres humanos sem o ecossistema não sobrevivem, e o ecossistema sem os seres humanos se esvazia de sentido. A força do desenvolvimento está na auto-organização e na integralidade de tudo o que foi criado, e nisso a justiça se expressa enquanto plano criacional. Não uma justiça que julga para condenação, mas a que ajusta harmonicamente as relações, que iguala direitos e deveres, que rompe com o mal e reestabelece a confiança e a segurança, assim como no texto de Isaías 11,6-9:

> O lobo será hóspede do cordeiro, a pantera se deitará ao lado do cabrito; o bezerro e o leãozinho pastarão juntos, e um menino os guiará; pastarão juntos o urso e a vaca, e suas crias ficarão deitadas lado a lado, e o leão comerá capim como o boi. O bebê brincará no buraco da cobra venenosa, a criancinha enfiará a mão no esconderijo da serpente. Ninguém agirá mal nem provocará destruição em meu monte santo, pois a terra estará cheia do conhecimento de Javé, como as águas enchem o mar.

Com o objetivo de demonstrar esse movimento de forma mais explícita no primeiro texto de Gênesis, e com foco na superação e subversão dos sentidos e modelos nos quais a identidade, a igualdade, a satisfação e a convivência têm se dado no mundo contemporâneo, tomamos o primeiro versículo bíblico, que diz: "No princípio, Deus criou o céu e a terra", porém, "a terra estava sem forma e vazia; as trevas cobriam o abismo e um vento impetuoso soprava sobre as águas" (Gn 1,2). Logo, é possível perceber que a criação não necessariamente está acompanhada daquilo que é bom. Ao contrário, os primeiros elementos criados, sozinhos, não expressam beleza, integração, função e harmonia. Mais do que simplesmente dar forma à criação, Deus cria os elementos fundamentais para a vida.

Se por meio do *tov* se reconhece a identidade própria do outro e sua capacidade e valor, se iguala e viabiliza seus meios de desenvolvimento, permitindo que seus deveres se cumpram sobre a terra, isto é, exercendo o direito de todos, o caminho para a satisfação e a completude se abre. O ritmo acelerado, a produção excessiva, o consumo exacerbado, fazem se perder a razão de ser. Quando cada elemento está em seu devido lugar, funcionando plenamente, é possível descansar. Não apenas Deus, no comando, pode descansar ao ver que tudo é adequado e capaz de funcionar conforme seu propósito, mas também a criatura. A falta de descanso é uma consequência do desajuste, da desarmonia, do desejo de ser algo que não é, de ter além do que se precisa ter, de alcançar patamares em estruturas que não fazem parte do plano de Deus, mas que foram convencionadas em sociedades problemáticas.

Recorremos novamente a Harari (2018, p. 164) para lembrarmos o papel significativo que a religião pode ter na construção de uma prática que promova a harmonia. É possível começar pelo reconhecimento da importância das diferentes formas de ser Igreja cristã num mundo globalizado e num Estado laico de direito, em que este autorreconhecimento possa gerar dinâmicas de auxílio, colaboração, diálogo e união. Isso de forma que, estando a Igreja cristã em harmonia, possa promover as mesmas dinâmicas de aproximação com as diferentes religiões e, por consequência, diferentes culturas e tradições. Por essa via, os espaços religiosos tornam-se diante dos espaços públicos um símbolo de esperança e segurança que zela por uma sociedade mais bem ajustada e organizada.

Os espaços de comunicação da mensagem cristã, alinhada com a interpretação e aplicação de *tov* para a contemporaneidade, devem visar maior harmonia e propósito. A plenitude ou satisfação que indica um estado de vivência humana harmônico foi transferida do âmbito coletivo mundial para o âmbito individualista pessoal. O texto sagrado não tem sido comunicado a partir de suas realidades originais, nem a partir da realidade de quem os lê. A leitura do texto bíblico que se impõe nos púlpitos das mais diversas comunidades cristãs de hoje, das mais diversas ramificações teológicas, é do tipo que legitima o poder e o domínio sobre o outro, a vingança e o sofrimento daqueles que são considerados pecadores pela tradição religiosa. Se na própria Bíblia são descritos imperialistas, nela mesma se vê o combate à dominação, à violência e à exploração humana. Textos como os dos profetas, as novelas da periferia (Jó, Ester, Rute e outros) e os mitos universalistas como os da criação, servem justamente de antítese a esse tipo de pensamento.

É possível, portanto, falar em uma religião cristã atual que sobrevive em um estado caótico, uma vez que grande parcela das comunidades e teologias cederam ao desejo da individualidade e do acúmulo, que são representações das falsas sensações de poder, e tornaram-se modelos fracassados e destrutivos como os que se viram ao longo da história. Atualmente, é difícil afirmar com segurança quais são as igrejas e teologias que permeiam o nosso país e o mundo. Em matéria do Jornal da USP, publicada em 06 de junho de 2023[5], afirma-se que em pesquisa realizada junto ao Centro de Estudos da Metrópole, da própria instituição, chegou-se ao dado de 17 novos templos, em média, sendo abertos diariamente no Brasil. Isso significa, aproximadamente, seis mil e duzentas novas igrejas abertas todos os anos. São igrejas de diversas orientações e com teologias cada vez mais influenciadas pelos modelos contemporâneos de sociedade e com suas raízes fincadas, ainda que de forma inconsciente, em epistemologias coloniais.

O resultado dessa desordem é um agravamento expressivo das mais variadas formas de injustiça. As novas chaves hermenêuticas, as novas epistemologias, se apresentam, para a teologia e para realidade concreta, como prova de uma urgente mudança de postura frente aos impactos e influências que a crença pode gerar na sociedade. Se, como concordaram aqui os autores mencionados das diferentes áreas — filosofia, história e teologia —, a religião for um dos meios pelo qual o mundo possa ser despertado para a sua consciência comunitária, solidária e justa, o fazer teológico precisa

5 https://centrodametropole.fflch.usp.br/pt-br/noticia/igrejas-evangelicas-abriram-17-novos-templos-em-media-por-dia-no-brasil-em-2019

estar sustentado em epistemologias responsáveis e imunes aos discursos imperialistas, coloniais e capitalistas.

Além disso, evocando novamente os pensamentos de Westermann (2004) lançados no Capítulo 1, para que a teologia cristã possa impactar positivamente o mundo, é necessário, em primeiro lugar, uma melhor compreensão da narrativa da criação, pois de seu entendimento depende toda a teologia que dela segue. A hermenêutica textual a partir do *tov* exige o comprometimento de reconhecer em cada substância um sujeito, em cada sujeito uma vida, em cada vida uma razão de ser, indispensável ao todo. Esse comprometimento se expressa num movimento, ou melhor, em vários movimentos. Ações concretas que geram resultados visíveis na sociedade atual são ações que vão na contramão das ideologias de mercado que exploram a mente e o corpo humano, destroem exaustivamente o cosmo e distribuem seletivamente funções sociais para um pequeno grupo de humanos dominar sobre um grupo muito maior. O *tov* é a medula espinhal que protege e garante o bom funcionamento do corpo, a sua harmonia, sua continuidade. Quando algum dos sistemas representados nos elementos expressos na narrativa é negligenciado, nenhum outro pode desenvolver-se corretamente. Todos, igualmente, devem ocupar integralmente seus devidos lugares.

CONCLUSÃO

Este livro se propôs a sustentar a ideia de que a narrativa da criação em Gênesis 1,1–2,4a deve ser lida para além das teologias simplistas, influenciadas pelas leituras imperialista e colonial, tendo como chave hermenêutica o adjetivo *tov* (repetido sete vezes ao longo da narrativa) e, a partir dele, encontrar uma mensagem aplicável às realidades contemporâneas que sirva como modelo social que garanta justiça, dignidade e harmonia. A pesquisa do termo hebraico revelou a complexidade de sua tradução e interpretação nas versões brasileiras da Bíblia, as quais utilizam a palavra "bom", que no senso comum carrega um significado aquém do seu original e, portanto, acaba muitas vezes esvaziado de profundidade. Além de ser um termo chave na narrativa, *tov* carrega consigo uma profundidade teológica significativa que expande consideravelmente o significado do sujeito ao qual se refere e da narrativa como um todo.

Inicialmente, no Capítulo 1, foram introduzidos os aspectos gerais do livro de Gênesis, demonstrando a complexidade da sua construção, uma vez que muitos autores e muitos contextos envolvem a obra do Gênesis. Por causa disso, suas implicações teológicas, sociais e históricas exigem uma análise com dedicação e esmero. Tudo isso sem permitir que sua mensagem essencial seja soterrada, dando lugar às dogmáticas pré-moldadas, carregadas de interesse político-social moralista. Com isso em vista, ressaltou-se a importância de compreender o primeiro livro da Bíblia Hebraica não apenas como uma narrativa do passado, com finalidade jornalística ou científica, mas como uma obra teológica profundamente enraizada nas demandas de seu contexto e que reflete sobre questões de identidade, cultura, origem, propósito, fé, relacionamento e esperança.

Gênesis 1,1–2,4a é, então, analisado nesse capítulo como uma obra que combina elementos literários, mitológicos e teológicos, e que tem o propósito de, através da primeira narrativa, expressar verdades profundas sobre a vida do ser humano no mundo, em suas variadas relações consigo, com o outro, com a natureza e com Deus. A narrativa não pretende descrever literalmente a fundação do mundo, mas sim, por meio de símbolos, propor um modelo ideal, segundo a vontade do criador, em que todos estejam plenamente contemplados.

Em suma, o texto é profundamente influenciado pelas circunstâncias do período em que foi escrito e desenvolvido, ou seja, o exílio e o pós-exílio, especialmente considerando a cultura e o culto de seus dominadores, babilônios e persas respectivamente. A obra é vista como uma contestação das influências culturais e das relações étnicas da época, além de questionar as autoridades políticas vigentes. Obviamente, por serem responsáveis pelo sofrimento de muitos judaítas, pelo expatriamento, escravidão, miséria, perda de familiares, e assim por diante, seus modelos, seus deuses e crenças, serão contestados por meio do mito da criação. Além disso, a narrativa tem a finalidade de resgatar a identidade, de fortalecer a fé e apresentar um caminho de esperança, uma ordem em meio ao caos. Como defende Schwantes (1989), a partir dela os sacerdotes se tornam profetas que apontam um caminho em direção à salvação.

Na busca dos sentidos e das respostas que o mito pretendeu apresentar ao seu povo, o subtópico 1.5 do Capítulo 1 dedicou-se a discutir a relação entre o mito babilônico *Enuma Elish* e a narrativa bíblica de Gênesis, com o reconhecimento da clara influência cultural e teológica do *Enuma Elish* sobre o texto hebraico. A discussão se centra no contraste e nos paralelos entre ambas as tradições, salientando que, enquanto *Enuma Elish* reflete uma cosmologia violenta, Gênesis oferece uma visão ordenada do universo. Em Gênesis 1, os astros divinos, antes protagonistas dos episódios de desgraça são, agora, criaturas ordenadas por *Elohim* para uma finalidade específica, e irão protagonizar um cenário paradisíaco.

Já no subtópico 1.6, do mesmo capítulo, foi proposta uma análise da teologia subversiva que se encontra em Gênesis 1,1–2,4a, em contraponto à epopeia babilônica. A narrativa bíblica enfatiza a criação pela palavra, ao invés de conflitos entre divindades e/ou o caos. Essa criação é vista como boa e não requer sacrifícios ou violência para alcançar a ordem. O texto de Gênesis apresenta uma teologia inclusiva e esperançosa, rejeitando as estruturas opressivas da mitologia babilônica, e afirma a dignidade e valor da humanidade e da criação. Ela também promove a igualdade e a responsabilidade humana sobre a criação. Além disso, as divindades da Babilônia são ressignificadas, de forma que voltam às suas funções de criatura, governadas pelo criador, servindo para a harmonia planetária. Cada elemento é bom, e todos juntos são muito bons.

Dito de outro modo, a bondade intrínseca da criação é afirmada - cada elemento é declarado "bom" por Deus. A dignidade humana é enfatizada e, com os seres humanos criados à imagem de Deus, não há mais categorias que definem a identidade original no ser humano, ou seja, não há judaítas ou babilônicos, senhores ou escravizados, homens ou mulheres, dominadores ou dominados, pois todos são imagem e semelhança do próprio Deus. O texto é uma ressignificação da autoimagem dos exilados e da forma como viam seus dominadores. Ele rejeita as ideologias de exploração e opressão, propondo uma ética de cuidado e responsabilidade compartilhada entre todos os aspectos da criação. Além disso, distribui-se igualmente a responsabilidade para governar e cuidar da criação, o que se traduz em um chamado à justiça e à ética na administração do mundo. Esse formato social é apresentado como bom, como apropriado à vida humana.

Assim, o capítulo 2 dedicou-se à discussão e análise da repetição do adjetivo *tov* no texto de Gênesis 1, considerando sua significância teológica para além da mera aprovação divina. Primeiramente, o objetivo foi explorar na literatura teológica contemporânea a funcionalidade de *tov*, enquanto chave hermenêutica do texto criacional, comprovando a ausência de uma análise profunda sobre a repetição do termo, significativa e relevante na busca dos significados do mito tanto para aquele tempo, quanto para o atual. É curioso e, diga-se de passagem, espantoso, que essa nítida repetição não foi objeto de pesquisa em nenhum dos comentários ou artigos sobre as temáticas expressas no título deste livro. Mesmo que *tov* possa indicar caminhos para uma prática social e privada ideal, até o momento nenhuma dedicação profunda havia sido dada a ele.

Em segundo lugar, foram apresentados os significados do termo hebraico a partir de dicionários teológicos e léxicos. Assim, chegou-se à conclusão de que suas definições englobam bem-estar, valor econômico, reputação, a prática do bem e a estética. *Tov* é usado para expressar o propósito, a finalidade para alguma tarefa, a prosperidade, a reputação e a moralidade de ações e coisas. No contexto bíblico, *tov* está alinhado com a vontade divina, que contribui para a harmonia do todo e se destaca tanto pela aparência quanto pela capacidade de cumprir sua função, sua razão de ser. O conceito do termo está enraizado na ideia de que elementos, ações e sensações que promovem a verdadeira satisfação e cumprimento do propósito são considerados "bons" aos olhos de Deus e dos seres humanos. Trata-se de um conceito que transcende a estética, impregnando-se nas ações e no caráter, moldando a visão de mundo e as relações sociais. O que é *tov* é dotado de capacidade nata para se desenvolver, ser pleno, satisfazer e alcançar sua mais completa funcionalidade.

A partir do estudo de outros textos do Antigo Testamento, produzidos em períodos semelhantes a Gênesis 1, a terceira parte do capítulo em questão demonstrou a riqueza do termo nos diversos versos bíblicos, particularmente em relação à natureza de Deus. Apontou-se a bondade de Deus, que vai além da criação e reflete sua própria essência e ações. A teologia que se expressa no "bom" de Deus, é elaborada como uma qualidade inerente ao divino, que não busca recompensa, mas é expressão de sua natureza justa e amorosa. A ideia central é que *tov* funciona como um elo entre o próprio Deus, sua vontade e o cenário concreto, de forma ideal para a vida comunitária. Assim, promove justiça, dignidade e harmonia social.

Explorando diretamente os conceitos de justiça, dignidade e harmonia a partir da teologia, o Capítulo 3 mergulhou na essência do termo hebraico com seus principais significados, que servem de síntese para a compreensão de muitos textos bíblicos e suas implicações na sociedade. A justiça é entendida como uma ordem divina que permeia a criação, onde a dignidade é intrínseca a todos os seres como imagens de Deus. A harmonia é o fruto dessa ordem e dignidade, refletindo-se em uma sociedade equilibrada e sustentável.

Os textos proféticos são especialmente citados por ilustrarem a luta contra as injustiças sociais. A ideia central é que *tov* funciona como um bem que transcende a mera bondade material ou estética, encarnando uma justiça divina que promove a igualdade e o bem-estar. Destaca-se que a justiça de Deus não se relaciona com as justiças punitivas ou retributivas, mas sim como uma justiça restauradora, que ajusta cada ser e cada objeto conforme seu propósito e sua finalidade, sem nada excluir. Esse entendimento de *tov* como justiça é vital para as relações humanas e a interação com o meio ambiente, pois se estabelece como um convite para uma prática ecológica e socialmente responsável. A mensagem do texto é uma chamada para reconhecer e restabelecer a justiça divina que se revela por meio da dignidade e da harmonia.

No tocante à dignidade humana, ela revelou-se como um valor intrínseco e universal que transcende circunstâncias sociais, econômicas e culturais. A dignidade é destacada na DSI e enraizada em princípios de liberdade e responsabilidade mútua. Ela reflete a necessidade de cada pessoa ser tratada como um fim em si mesma, nunca como meio para outro fim. Esse conceito se estende à administração ética do mundo, onde o ser humano é chamado a cuidar e respeitar toda a criação, incluindo a si mesmo e aos outros. A verdadeira dignidade envolve reconhecer e promover o bem-estar de todos, em vez de buscar o acúmulo de riqueza ou o poder à custa dos outros ou do meio ambiente. O desempenhar das funções natas a cada um é o trabalho da dignificação. Todo aquele (ou tudo aquilo) que encontra espaço e suporte para desempenhar o fim social para o qual existe, encontra, portanto, a dignidade. Para que os espaços e as estruturas permitam tal desempenho, a harmonia se aponta como caminho único de viabilização.

A harmonia, por sua vez, transcende a simples ideia de beleza e ordem estética. Trata-se de uma unidade que emerge da divergência e do conflito, uma visão que contrasta com a harmonia clássica baseada na beleza e proporção. Na narrativa da criação, a harmonia é vista como o arranjo adequado entre os elementos distintos da criação, com cada parte desempenhando seu papel para o funcionamento do todo. Ela depende, portanto, da diferenciação e do caos, pois é a partir da diversidade que a verdadeira unidade e ordem emergem.

Para compreender como o *tov* e seus significados são essenciais na releitura e aplicação do texto de Gênesis 1,1–2,4a, o Capítulo 4 apresentou um panorama do caos contemporâneo, dividindo-o em dois espaços: caos estrutural e pessoal. Nesses pontos, respectivamente, discutiu-se a relação entre progresso econômico e justiça social; má formação teológica a partir das epistemologias colonialistas que ignoram os saberes tradicionais; o processo de globalização que busca impor uma cultura universal; os desafios da solidariedade e da identidade; o cansaço neurótico da sociedade positivista.

O livro sugeriu que as síndromes contemporâneas são reflexo de um total desconhecimento do eu, do tu, da natureza e de Deus. Quando não se sabe sua função, não é possível cumpri-la e, ao não cumpri-la, abre-se o vazio, o caos. Assim, na tentativa de preencher esse espaço escuro e desabitado, os seres humanos se entregam aos discursos de manipulação da massa, defensoras do que é externo, superficial e aparente como caminho para se ter um lugar nesta terra de colônias. A solução proposta, diante do caos, é uma releitura da criação a partir do conceito bíblico de *tov*, que confere ordem ao caos.

Além disso, o livro explorou o conceito de *tov* enquanto paradigma para uma sociedade justa e harmoniosa. A narrativa de Gênesis foi apresentada não sobre o domínio autoritário de Deus, mas como um projeto divino onde cada elemento possui um propósito intrínseco e contribuidor para o bem-estar comum. A mensagem central é que a justiça, a dignidade e a harmonia são alcançadas quando cada elemento da criação cumpre sua função dentro de um sistema equilibrado e interconectado. A aplicação contemporânea desse entendimento bíblico desafia as estruturas sociais injustas com a promoção da sustentabilidade e igualdade - um reflexo da imagem de Deus em todos os aspectos da vida e da sociedade.

As referências citadas ao longo do texto, que incluem autores como Loza, Smith, Schwantes, Campusano, Westermann, Harari, Moltmann, Bauman, Junior e Perucelli, e Mazzarolo, contribuem para um debate multidisciplinar sobre a justiça social, a dignidade humana e a sustentabilidade ambiental. Dessa forma, foi demonstrado que qualquer outro padrão de vivência humana, seja individual ou social, que priva ou diminui o acesso de alguém ao *tov* da criação, deve ser rejeitado. Qualquer forma social oposta revela sua condição de injustiça que fere a dignidade do ser humano e desequilibra a harmonia entre as diversas esferas relacionais da vida e do ecossistema.

No final do livro, tornou-se claro que justiça, dignidade e harmonia não subsistem uma sem a outra. É imprescindível que, para a existência de uma sociedade justa, a dignidade e a harmonia estejam presentes, ou, para que se alcance a harmonia, o caminho passe obrigatoriamente pela dignidade e pela justiça. A separação desses termos visou facilitar e ampliar os conhecimentos sobre *tov*. Entretanto, a criação só é considerada *meod tov* quando os três elementos estão presentes.

REFERÊNCIAS

ABBAGNANO, N. **Dicionário de Filosofia.** São Paulo: WMF Martins Fontes, 2012.

AGUIRRE, R. **"Justicia. Perspectiva bíblica"**. In: ELLACURÍA, Ignacio; SOBRINO, Jon (eds.). Mysterium Liberationis. II. Madri: Trotta, 1990. p. 539-561.

ALMEIDA JÚNIOR, J. B. **Introdução à mitologia.** São Paulo: Paulus, 2014.

ALTER, R. **Genesis:** translation and commentary. New York: Norton Company, 1996.

ARANA, A. I. **Para compreender o livro do Gênesis.** São Paulo: Paulinas, 2003.

ARAÚJO, E. M.; GONZAGA, S. P.; ANJOS, J. H. R.; VIEIRA, V. M. O. A função pedagógica do mito: reflexões sobre as personagens de Pandora e Eva. **Conjecturas**, v. 21, n. 4, 2021. p. 733–750.

ARENS, E. ADAM: **Un ensayo de antropología bíblica**. 2011.

BANDSTRA, B. **Genesis 1-11.** A handbook on the Hebrew text. Texas: Baylor University Press, 2008.

BAUMAN, Z. **A sociedade individualizada: vidas contadas e histórias vividas.** Rio de Janeiro: Jorge Zahar, 2008.

BBC News. **O momento em que quase 300 migrantes são resgatados de barco em alto-mar na Itália**. 2021. Disponível em: https://www.bbc.com/portuguese/internacional-59438191. Acesso em 25/01/2024.

BENNER, J. A. **Ancient Hebrew Lexicon of the Bible:** Hebrew Letters, Words and Roots Defined Within Their Ancient Cultural Context. USA: Publishing Inc, 2005.

BENNER, J. A. **Ancient Hebrew Dictionary**. USA: Publishing Inc. 2009.

BRETT, M. G. **Genesis:** Procreation and the politics of identity. London and New York: Routledge, 2000.

BRODIE, T. **Genesis as Dialogue.** New York: Oxford University Press, 2001.

BOTTERWECK, G. J.; RINGGREN, H. **Theological Dictionary of the Old Testament.** v. 5. Michigan: William B. Eerdmans Publishing, 1986.

BOTTERWECK, G. J.; RINGGREN, H.; FABRY, H.J. **Theological Dictionary of the Old Testament.** vol. VII. Michigan: William B. Eerdmans Publishing, 2013.

BOTTERWECK, G. J.; RINGGREN, H. **Theological Dictionary of the Old Testament.** vol. V. Michigan: William B. Eerdmans Publishing, 2021.

BUTTERA, M. G. **A arte de conviver: um olhar inclusivo.** São Paulo: Paulus, 2013.

CAMPUSANO, M. C. V. Justicia y Nueva creación - Una lectura de Isaías 11,1-10. **Revista de Interpretación Biblica Latino-Americana. Ecología**. v. 80, n. 2, 2019.

CHARBONNEAU. P. **Cristianismo, Sociedade e Revolução**. São Paulo: Editora Herder, 1965.

CHEMIN, M. R. C.; SOUZA, W. Dignidade e Finitude. **Revista de Cultura Teológica**. Ano XXV. n. 90. jul/dez 2017. p. 262-279.

COELHO, N. N. **O conto de fadas:** Símbolos - mitos – arquétipos. 4. ed. São Paulo: Paulinas, 2008.

CONJUR. **População carcerária volta a aumentar, mas déficit de vagas diminui.** Disponível em: https://www.conjur.com.br/2022-jul-10/populacao-carceraria-volta--aumentar-deficit-vagas-cai/. 2023. Acesso em 20/01/2024.

CROATTO, J. S. **Experiencia de lo sagrado y tradiciones religiosas. Estudio de fenomenología de la religión**. Estella: Ed. Verbo Divino, 2002.

CUNHA, A. G. **Dicionário etimológico da língua portuguesa.** Rio de Janeiro: Lexikon, 2010.

DIETRICH, L. J. Introdução in KAEFER, J. A., FRIZZO, A. C., MARQUES, M. A. **UMA HISTÓRIA DE ISRAEL: leitura crítica da Bíblia e arqueologia.** Organizado por Shigeyuri Nakanose, Luiz José Dietrich. São Paulo: Paulus, 2022.

ENGELSMA, D. **Gênesis 1-11: História ou Mito?** Editora virtual Fireland Missions, 2013.

EVANS, C. A.; LOHR, J. N.; PETERSEN, D. L. **The Book of Genesis.** Composition, Reception, and Interpretation. v. 152. Boston: Brill, 2012.

FERNANDES, F.; LUFT, C. P.; GUIMARÃES, F. M. **Dicionário Brasileiro Globo.** São Paulo: Globo, 1997.

FARIA, J. F. **As mais belas e eternas histórias de nossas origens em Gn 1-11: mitos e contramitos.** Petrópolis: Vozes, 2015.

FINKELSTEIN, I.; SILBERMAN, N. A. **A Bíblia desenterrada:** a nova visão arqueológica do antigo Israel e das origens nos seus textos sagrados. Tradução de Nélio Schneider. Petrópolis: Vozes, 2018.

FOX, M. **"Ṭôḇ as Covenant Terminology."** Bulletin of the American Schools of Oriental Research, n. 209, 1973, p. 41–42.

GALVAGNO, G.; GIUNTOLI, F. **Pentateuco:** Introdução aos Estudos Bíblico. Petrópolis: Vozes, 2020.

GERTZ, J. C. The formation of the primeval history. *In:* EVANS. C. A.; LOHR, J. N. (ed.). **The book of Genesis:** composition, reception, and interpretation. Boston: Brill, 2012.

GESENIUS, W. **Hebrew - Chaldee Lexicon to the Old Testament**. Michigan: William B. Eerdmans Publishing, 1949.

GRESSLER, A. F.; FRIEDRICH, R. W. **O princípio da solidariedade como ferramenta para a efetivação de uma sociedade solidária.** XV Seminário Internacional: Demandas sociais e políticas públicas na sociedade contemporânea, 2018. Disponível em: https://online.unisc.br/acadnet/anais/index.php/sidspp/article/viewFile/18812/1192612073. Acesso em 31/01/2024.

HAN, B. C. **Sociedade do Cansaço.** Petrópolis: Vozes, 2017.

HARARI, Y. N. **21 Lições para o século 21**. São Paulo: Companhia das Letras, 2018.

HARRIS, R. L.; JR, G. L. A.; WALTKE, B. K. **Dicionário Internacional de Teologia do Antigo Testamento.** São Paulo: Edições Vida Nova, 1998.

HENDEL, R. Historical Context. *In*: EVANS. C. A.; LOHR, J. N. (ed.). **The book of Genesis:** composition, reception, and interpretation. Boston: Brill, 2012.

HENRY, M. **Commentary on the Whole Bible.** Genesis to Deuteronomy. Grand Rapids, MI: Christian Classics Ethereal Library, 2000.

HOLLADAY, W. L. **Léxico hebraico e aramaico do Antigo Testamento.** São Paulo: Vida Nova, 2010.

IGREJA CATÓLICA. Catecismo da Igreja Católica. Disponível em: https://www.vatican.va/archive/cathechism_po/index_new/p1s2c1_198-421_po.html – . Acesso em 27/07/2023.

JENNI, E.; WESTERMANN, C. **Diccionario Teologico Manual Del Antiguo Testamento.** Madrid: Ediciones Cristiandad, 1978.

KIDNER, D. **Gênesis e comentário.** São Paulo: Vida Nova, 2001.

KRAUSS, H. **As origens: um estudo de Gênesis 1-11.** São Paulo: Paulinas, 2007.

LIMA, T. R. O conceito de harmonia nos fragmentos de Heráclito de Éfeso, 2012. Disponível em https://riu.ufam.edu.br/handle/prefix/2717. Acesso em 20/09/2023.

LIVERANI, M. **Para além da Bíblia:** História antiga de Israel. São Paulo: Paulus; São Paulo: Loyola, 2014.

LONGMANN III, T. **Como ler Gênesis**. São Paulo: Vida Nova, 2009.

LOZA, J. **Géneses 1-11**. Comentarios a la Nueva Biblia de Jerusalén. Sevilla: Editorial Desclée De Brouwer, 2005.

MARQUES, M. S.; SILVA, R. F. As múltiplas faces da justiça no Antigo Testamento. **Fragmentos de Cultura**, v. 28, n. 4, Goiânia, out./dez. 2018. p. 578-586.

MAURI, E. D. **Espiritualidade e integridade da criação:** uma nova percepção da atitude ecológica do ser humano a partir de Gênesis 2,15. Curitiba: SIBI/PUCPR, 2018.

MAZZAROLO, I. A criação e a lei do inquilinado. O inquilino não é dono: exegese de Gn 1,26-28. **Estudos Bíblicos**. v. 36, n. 144, 2021. p. 161-178.

MERTON, T. **Novas sementes de contemplação**. Rio de Janeiro: Fisus, 1999.

MOBERLY, R. W. L. **The Theology of the book of Genesis (Old Testament Theology)**. New York: Cambridge Press, 2009.

MOLTMANN, J. Liberdade e comunidade na Era do Individualismo e Globalização. In: KOHL, M. W.; BARRO, A. C. (Org.). **A igreja do futuro.** Londrina: Descoberta, 2011.

MOLTMANN, J. **Vida, esperança e justiça:** um testamento teológico para a América Latina. São Bernardo do Campo: Editeo, 2008.

MOORE, T. S. Discórdia ou harmonia: uma consideração da ética (das éticas) da criação no Antigo Testamento. **Revista de Educação do Cogeime** – Ano 23 – n. 45 – jul/dez 2014.

MOTA, L. R. **Justiça e Equidade: princípios de um estado bem-ordenado.** 1. ed. Jundiaí: Paco, 2023.

NAKANOSE, S. O Período exílico e seu movimento sociorreligioso. *In:* KAEFER, J. A.; FRIZZO, A. C.; MARQUES, M. A. **UMA HISTÓRIA DE ISRAEL:** leitura crítica da Bíblia e arqueologia. Organizado por Shigeyuri Nakanose e Luiz José Dietrich. São Paulo: Paulus, 2022.

NGO, R.; SAUTER, M.; WIENER, N.; CORBETT, G. J. **Exploring Genesis.** Washington: Biblical Archaeology Society, 2013.

NOLAN, A. **Jesus antes do cristianismo**. São Paulo: Paulus, 1987.

OLIVEIRA, J. Das epistemologias do sul a um novo *ethos* sulista: comunidades tradicionais e responsabilidade ambiental. In: VILLAS BOAS, A. **Espistemologia Sul-Sul: do mar que nos separa às pontes que nos unem.** Curitiba: PUCPRESS, 2022.

ONU. **575 milhões de pessoas podem viver na pobreza extrema até 2030**. Disponível em: https://news.un.org/pt/story/2023/07/1817247. 2023. Acesso em 25/01/2024.

PASSOS, P. R. R. A Restauração da Individualidade pela Via do Sagrado. *In:* ROSSI, L. A. S; JUNQUEIRA, S. (Orgs.). **Religião, Direitos Humanos e Laicidade.** São Paulo: Fonte Editorial, 2015.

PEDROSA, D. S. Novas Perspectivas dos exilados na Babilônia à luz dos tabletes de Al-Yahudu. *In:* CATENASSI, F. Z.; MARIANNO, L. D. **História de Israel: arqueologia e Bíblia**. São Paulo: Paulinas, 2022.

PETERSEN, D. L. **The Book of Genesis.** Composition, Reception, and Interpretation. v. 152. Boston: Brill, 2012.

PIXLEY, J. **O Deus libertador na Bíblia:** Teologia da libertação e filosofia processual. São Paulo: Paulus, 2011.

PIXLEY, J. **El livro de Job.** Costa Rica: Ediciones Sebila, 1982.

RÖMER, T. **A origem de javé:** o Deus de Israel e seu nome. São Paulo: Paulus, 2019.

REIMER, H. Criação e Cuidado: Perspectivas bíblicas. **Atualidade Teológica.** Ano XV, n. 37, jan/abril 2011. p. 11-26.

Rorty, R. 'The Pragmatist's Progress', *In:* COLLINI, S. (ed.). **Interpretation and Overinterpretation.** Cambridge: Cambridge University Press, 1992.

ROSSI, L. A. S. **Jesus vai ao McDonalds.** Teologia e sociedade de consumo. Curitiba: Champagnat, 2011.

ROSSI, L. A. S. **A origem do sofrimento do pobre:** teologia e antiteologia no livro de Jó. São Paulo: Paulus, 2018.

ROSSI, L. A. S.; MAURI, E. D. Mitologias para salvaguardar a integridade da criação. **Revista Brasileira de História das Religiões**. ANPUH, ano XII, n. 34, 2019. p. 231-250.

ROSSI, L. A. S.; PERONDI, I. **Rito, Mito e Símbolo como fenômenos religiosos e sociológicos.** Curitiba: Editora Intersaberes, 2020.

SACKS, J. **The Genesis of Justice.** In Covenant and Conversation. A study of ethics in the parsha with Rabbi Sacks. 2014. Disponível em: https://www.rabbisacks.org/covenant-conversation/bereishit/the-genesis-of-justice/. Acesso em 10/03/2023.

SALGADO, G. M. **A justiça sentada: a imagem da justiçabrasileira na escultura de Ceschiatti.** Ambito Jurídico, 2012. Disponível em: https://ambitojuridico.com.br/edicoes/revista-100/a-justica-sentada-a-imagem-da-justicabrasileira-na-escultura-de-ceschiatti/. Acesso em 19/07/2023.

SARLET, I. W. **Dignidade (da Pessoa) Humana E Direitos Fundamentais Na Constituição Federal De 1988.** Porto Alegre: Ed Livraria do Advogado Editora, 2001.

SARNA, N. M. **Understanding Genesis.** Through Rabbinic Tradition and Modern Scholarship. New York: Jewish Theological Seminary, 1966.

SCARDELAI, D. O escriba Esdras e o Judaísmo (Biblioteca de estudos bíblicos). São Paulo: Paulus, 2010.

SCHIMID, K. **The Book of Genesis:** Composition, Reception, and Interpretation. v. 152. Boston: Brill, 2012.

SCHÖKEL, A. L. **Dicionário bíblico hebraico-português.** São Paulo: Paulus, 1997.

SCHWANTES, M. **Projetos de Esperança:** Meditações sobre Gênesis 1-11. Petrópolis: Vozes, 1989.

SCOTT, J. **Domination and the Arts of Resistance**: Hidden Transcripts. New Haven: Yale University Press, 1990.

SIENNA, E. L. **A dignidade humana em João 10,10 e na doutrina social da igreja**. (Dissertação de Mestrado em Teologia) - Pontifícia Universidade Católica do Rio Grande do Sul, Porto Alegre, 2009. 173 f.

SILVA, V. **O Caminho da justiça na sabedoria dos provérbios**. São Paulo: Paulus, 2018.

SKA, J. L. The study of the book of Genesis: the beginning of critical reading. *In:* EVANS, C. A.; LOHR, J. N.; PETERSEN, D. L. **The Book of Genesis.** Composition, Reception, and Interpretation. Vol. 152. Boston: Brill, 2012.

SMITH, M. S. **The Priestly Vision of Genesis 1.** Minneapolis: Fortress Press, 1955.

STRONG, J. **Dicionário Bíblico Strong.** Léxico Hebraico, Aramaico e Grego de Strong. São Paulo: Sociedade Bíblica do Brasil, 2002.

STORNIOLO, I. **Como ler o Livro de Jó**: o desafio da verdadeira religião. 5. ed. São Paulo: Paulus, 2008.

STORNIOLO, I.; BALANCIN, E. M. **Como ler o Livro do Gênesis:** Origem da vida e da história. São Paulo: Paulus, 2018.

VANGCMEREN, W. A. **Novo dicionário internacional de teologia e exegese.** São Paulo: Cultura Cristã, 2011.

VATICANO II. ***Christifideles laici,*** 1988. Disponível em https://www.vatican.va/content/john-paul-ii/pt/apost_exhortations/documents/hf_jp-ii_exh_30121988_christifideles-laici.html. Acesso em 27/07/2023.

VAZ, A. S. "O específico da justiça na Bíblia hebraica". **Cultura**, v. 30. p. 1-12, 2012. Disponível em: https://journals.openedition.org/cultura/1563#text. Acesso em 25/07/2023.

VEJAR, J. E. A. **La biblia escrita desde los descriminados**. Disponível em: https://www.monografias.com/trabajos109/biblia-escrita-discriminados/biblia-escrita--discriminados.shtml. Acesso em 25/07/2023.

VON RAD, G. **El libro del Genesis.** Salamanca: Ediciones Sígueme, 1982.

WESTERMANN, C. **Genesis.** London: T&T Clark International, 2004.

WESTERMANN, C. **O Livro do Genesis:** um comentário exegético-teológico**.** Tradução de Nélio Schneider. São Leopoldo: Sinodal/EST, 2013.

WESTERMANN, C. **Genesis 1-11: A Continental Commentary**. Hardcover, Minneapolis: Fortress Press, 1994.